U0101154

后浪

讲谈社

诸子的精神

读老子本

［日］金谷治　著

陈雨桥　译

北京联合出版公司

Beijing United Publishing Co.,Ltd.

图书在版编目（CIP）数据

老子读本 / （日）金谷治著；陈雨桥译 . -- 北京：
北京联合出版公司，2020.7（2023.4 重印）

ISBN 978-7-5596-4168-7

Ⅰ . ①老… Ⅱ . ①金… ②陈… Ⅲ . ①道家②《道德
经》—通俗读物 Ⅳ . ① B223.1-49

中国版本图书馆 CIP 数据核字 (2020) 第 057933 号

老子读本

著　者：［日］金谷治
译　者：陈雨桥
出 品 人：赵红仕
选题策划：**后浪出版公司**
出版统筹：吴兴元
编辑统筹：李夏夏　梅天明
特约编辑：魏姗姗
责任编辑：李艳芬
营销推广：ONEBOOK
装帧制造：墨白空间

北京联合出版公司出版
（北京市西城区德外大街 83 号楼 9 层　100088）
北京天宇万达印刷有限公司印刷　新华书店经销
字数 138 千字　787 毫米 ×1092 毫米　1/32　7.75 印张
2020 年 7 月第 1 版　2023 年 4 月第 5 次印刷
ISBN 978-7-5596-4168-7
定价：36.00 元

前　言

一般来讲，人们常说的"活得像个人样"指的是回顾、反省自身并量力而行地活下去。吾等在各色场合中用作口头禅一般的"要加油努力哦"便是很好的证明。然而若只是努力地活着，这样的日子也很难称得上是"人生"。孜孜不倦地努力，构建出个人的独立领域，这固然是非常重要的事；但人类是大自然的产物之一，是与庞大的自然世界共同生活着的生物，这一点亦无法否认。

究竟什么叫"像个人样"呢？关于这一点，人们现存的看法正在逐渐变化。老子接受了这一切，将人类视作大自然的一分子，可谓参透了人类真正的本质。做到"无知无欲"即能恢复这份纯粹的本质，此乃人之大幸。他呼吁人们呈现出自己真正自然的状态，不要再回首、拘泥于自身，由此拉开了展望人性的全新帷幕。

本书以"与古典交流"为主旨，意在成为一部亲切、有深度且无距离感的作品。期待能够通过加入全新的学术文库，从而得以收获更多的读者。特此鸣谢学术文库出版部长池永阳一先生与负责人布宫美津子小姐。

一九九七年一月

伊贺居民 金谷治

目　录

老子道德经 下篇

凡　例

一、本书所采用的底本为王弼注本，也适当地依照马王堆帛书、河上公本与傅奕译本等进行了修改。尤其是将帛书仔细地吟味琢磨之后，我积极汲取了其突出的长处，如将章节的顺序进行移动等，此均不失为一种全新的尝试。

二、现代释义与逐字释义有所不同，多多少少添加了一些词语以作补助，尽可能地使其易于理解。另外也有许多的注语与评论，本书针对各章的主旨进行了重点解说。[①]

三、对底本进行改订之处均在其原文语句中加上了＊符号，并随后附加了注记。另，韵脚亦在原文的韵字旁以〇或△等印记来表示。

四、为考虑读者方便，各章中除了以开头句作为标题外，因不完全，还另加了作为概要的副标题。望能够方便诸位理解。

---

① 编者注：原书译文在原文之前，为符合我国读者阅读习惯，将原文调到了译文之前。

老子道德经　上篇

1. 道可道（世界万物之始源——"道"）

道可道，非常道。名可名，非常名。

无名天地之始；有名万物之母。

故常无欲，以观其妙；常有欲，以观其徼。

此两者，同出而异名。同谓之玄，玄之又玄，众妙之门。

【译文】

能用语言准确地描述与他人的"道"，便不是永恒的真实之"道"；可以用文辞去命名并示与他人的"名"，就不是永恒的真实之"名"。

真实之"名"与真实之"道"一起，潜藏于无法以语言清楚描述之处，而那才是孕育出天地的唯一的始源。而这能以"名"展示出来的天与地，则是孕育出世间万物的母亲。

因此，只有保持内心无欲无求的纯粹之人，方能正确认知、领略到这微妙且唯一的万物始源；若是无法保持纯粹、不断地被欲望所迷惑，最终生活中也只会充斥着歧视和冲突等末端现象。

　　微妙且唯一的始源与末端的各种现象，此二者从根本上来说是相同的；就像"道"与"万物"，它们在"名"的世界中各自有着不同的称呼罢了。与其来源相同的"玄"——指遥不知底的深渊，在比它还要深奥的渊底之处，展露着微妙始源的诸多作用。

【解说】

　　在开卷第一篇文章中，老子提出了最具个人特色的"道"的概念，生动描述了在俗世间的生活中为了一己私欲和现实利益而疲于奔波的我等凡人之状。在生活的起伏与动荡之中摇摆不定、时喜时悲，然而通晓水底深处的静谧与深邃之人却是寥寥无几。老子向我们展现了一个潜藏于表象背后的玄妙的本源世界，引导世人直面其深邃之处。老子认为本源世界与我们所处的现实世界并没有太大不同，这个观念构成了老子哲学思想的基石。

　　"道"最开始是指道路，而后衍生出了道理、方法等意思。尊孔子为教祖的儒家认为，仁义等道德观念应当以因人而异、因材施教的方法去阐述；"道可道，非常道"便驳斥了这一思想。老子所说的"常道"并非单指人类社会中的规定与准则，它更是一种结合并贯穿宇宙自然、独一无二且绝对的根源之道，绝非是可以依"名"以言喻的究极原理。有关于"道"的说明于本书的第四章、第十四章、第二十一章、第二十五章和

第三十七章中均有记载（解说中的说明亦可一同参照）。

"名"代表的是名称、言语与概念之意。"名"必将对应于实体，作为一个约定俗成的称呼方式以便于世间通用。而物体的名称本就是由人随意取的，所以"名"对实体来说实为次要。庄子也曾说过，"名者，实之宾也"。老子尊"无名"与"不言"为贵，对于言辞和观念有着强烈的不信任感。为何继"道"之后出现了"名"呢？这虽然与"道"无以名状的特性有关，然而此处还包含着对于拘泥名目且注重建设于"名"的儒家、法家的批判。《老子》中所说的"常名"是遵循于"道"那不可思议的姿态而自然产生的"名"，实为无名之名（即无法言喻之名）。本书第三十二章有云，"道常无名"。

因此，若将第三十二章的这句和第四十一章的"天下万物生于有，有生于无"，与此处的"有名""无名"结合起来解释的话，则会得出"无名"＝"道"＝"始源"→"有名"＝"天地"＝"母"→"万物"，这样一幅阶段式的图式。马王堆帛书共分为甲乙两册，据其记载，"天地之始"在甲乙册中均记为"万物之始"，这与《史记》中所引用《日者列传》的文本及王弼的注释都相吻合。由此一来，"无名天地之始，有名万物之母"一句便得以解释得通，"天地"一部分则是被从之前列出的图式中抹去了。

阐明"微妙始源"和与其相对应的"末端现象"时所用之

"徼"字实为"皦"的通假字，意为洁白、明亮。"妙"是很深远且难以理解的，而我们生活的这个表象世界则是如此地浅显又直白。

"此两者"一段在帛书甲乙本中均记为"两者同出，异名同谓"，前面的"此"字、中间的"而"字与之后的"之玄"是没有被记载在文中的。"异名同谓"是名称不同，意义相同的意思。

"玄"原本指的是一遍遍晕染而成的红黑色，后转变为用其深邃的色调来比喻艰深难懂的奥义。此处用以形容"道"的不可思议之处——它超越人类的感官，是一个深远的本源世界，可以令人抛弃烦思杂念。这个世界中的所有现象都源自深奥之处，是玄妙下的自然表象。

由于第一章讲述的是"道"之始源，所以《老子》的上篇被称为《道经》；下篇（第三十八章及之后）的内容则相对地被称为《德经》。因此，《老子》又被称为《老子道德经》。

第一章之所以得以作为《老子》一书的卷首之文，不单单是因为其内容较为适合，更是由于此书长久以来都是以这番形式传承下来的。但与马王堆帛书相比较，在甲乙本中其文章于上下篇的顺序均有所调换，因此，此篇第一章也将被置于下篇文末之后。

2. 天下皆知美之为美（别受限于俗世间的价值）

天下皆知美之为美，斯恶已；皆知善之为善，斯不善矣。

故有无相生，难易相成，长短相形，高下相倾，音声相和，前后相随。

是以圣人处无为之事，行不言之教。

万物作焉而不辞，生而不有，为而不恃。功成而弗居。夫唯弗居，是以不去。

【译文】

世间的人们之所以明白什么是美，是由于有丑陋之物的存在；之所以能判别什么是善，是由于有恶的存在。世界上的美好与善并非是真实永恒的，所以说，拘泥或受限于此等事物，这显然是错误的行为。真相是，"有"与"无"成就对方并互相依存，难与易相互形成，长与短相凸显，高与低互相显示其水平，乐器之音与人声互相谐和，前与后紧紧相随以显顺序。世间的一切事物都处于一种互相依存的关系当中。

因此，与"道"合为一体的圣人不受限于俗世间的价值观，杜绝恶癖与不良行为，用"无为"的观点对待世事、言传身教；卖弄言语知识会导致自身离真相越来越远，为避免如此，他选择了用"不言"的方式身体力行地实行教化。

换言之，圣人听任万物的自然生长与兴起，不多加说明也不据为己有，建造伟业也可保持自身的清醒独立，功成业就而不自居。且正因为圣人不拘泥于居功，也便无所谓失去。

【解说】

先把"道"放在一边不谈，此章记述了现实世界中的真相，以及圣人的对应之道。我们在日常生活中所了解到的价值与概念全部都是相对相成的。若坚持认为万物是绝对而非相对的，如此固执的见解只会招致手足无措等悲剧。到底何为真正的美，何为真正的善呢？说到底，真善、真美这样极致的境界是否真实存在，这是不得不思考的问题。深入了解、洞察了世界真相的圣人，其自身的一举一动皆是自然而然地遵循着"无为"与"不言"的标准。实际上，这便是"道"真实、真正的存在方式了。

"懂得美的事物（了解了美之所在）"，其中强调了"理解"这一层意思，也有人将其译成"认知到美的同时，也想到了什么是丑陋"。这之后的"善"也是相同的情况，被译为"认知到善的同时，随之衍生的便是对于不善的认知"。正如金兰斋的《老子经国字解》所说，"无心才能成真"。若将这句话视作释义也是说得通的，只是考虑到下文的"故有无相生"到末尾处的"前后相随"一段，再将此处解释为"有心""无心"

便显得不是那么恰当了。在帛书甲乙本中，在文段尾处"先后之相随"一句之后均有"恒也"二字。这在甲乙本的译本中被称为"常事、常态"，在对永恒真理的释译上与上文所述的相对性有互相抵牾的嫌疑；再加上这个用法只在帛书中有所记载，故没有将其认可为可通用的译法。

"圣人"是《老子》中最为理想的人格。在《庄子》中我们可以看到"至尊""真人"等词语，但与此相关的概念在《老子》中并没有被提到。与儒家著名的尧、舜等具有特定人物形象的圣人不同，老子所说的圣人是指与永恒的真实之道合为一体、身心皆处于最高境界的理想人物。

"无为"的字面意思是"无作为"，但这并不是说什么事都不做，而是指不要刻意去做某事，应当自然而然地行动，舍弃人类的自作聪明与自以为是等做法，在自然界中自发遵循自然的行动模式。正如"无为而为"所包含的语义，相近的内容于第三章中也有记载，可见"无为"正是《老子》心目中最为理想的行动方式。

对于前文所提到的"处无为之事，行不言之教"这一圣人之姿，"听任万物的自然生长与兴起"之后的内容可以视作是更深一步的具体解说。对照第三十四章和第五十一章，它们用同样的言语记述了"道"的真实作用，由此可以得知圣人的行为与永恒之道是高度一致的。"万物作焉而不辞"一句在帛书乙本中记作"万物昔而弗始"，因发音相似，"昔"视作"作"的通字，"始"视为"辞"的通字。也有其他版本不同的文献记载，其中或没有"焉"字，或换成"始"字，诸如此类。关于"不居功于万物滋生之始源"这一句，有人认为应该就照"始"字本身的意思来理解，也有人认为"辞"是辞退的意思，从而将其解读为"不应对俗世间的劳琐之事感到厌烦"，但考虑到与前文所提"不言"之间的关系，还是应当将此处的"辞"理解为言辞的意思。

3. 不尚贤（理想中的政治1）

不尚贤，使民不争；不贵难得之货，使民不为盗；不见可欲，使民心不乱。

是以圣人之治，虚其心，实其腹，弱其志，强其骨。常使民无知无欲，使夫知者不敢为也。

为无为，则无不治。

【译文】

如果执政者能够停止对于贤能人才的尊崇，那么人民便不会如此热衷于竞争了吧。若能不对那些难得的财物过于珍爱，想来人民也就不会有盗窃的念头了。不去刻意显露、炫耀，人民的目光若是不触及那些足以刺激到欲望的事物，则民心就不会陷入迷乱，可以保持安定平静的状态。

因此，与"道"合为一体的圣人关于治理的主张是：不要使百姓有太多的想法与欲望，不要被无聊的知识带坏；填饱百姓的肚腹，使其免于忍饥挨饿；削弱百姓的竞争意识，使其远离利欲；增强百姓的筋骨体魄，使其长年强身健体。如此一来，百姓们便既没有智巧也没有欲望，即使那些才干之士想蛊惑普通百姓、无事生非，也是无从下手的。

若能像这样按照"无为"的原则实行治理，办事顺应自然的法则，万事便自然顺理成章了。

【解说】

此章具体叙述了理想中的圣人政治。使人民保持"无知无欲"的状态，即其治理方案的重点。虽然与所谓的愚民政治思想有相似之处，但圣人的政治之道与其并不相同。将民众变得愚昧无知并加以利用，显而易见，圣人的心中是不会有这类想法的。《老子》立足于更广更深刻之处，因为"无知无欲"并非只是单纯的治理手段，而是关系到人类本质的一种理想中的生存方式，也是执政者自身的理想所在，亦与圣人的性格有所关联。这里包含着对人类创造出的尚贤文化的强烈批判。

的确，人们凭借着刺激自身的欲望，不仅生产力有所提高，随着知识积累量的增大，整体的文化都被大幅度推进。我们称之为"进步"，并且相信人类的幸福定会紧随而来。但对于这个理念的质疑之声越来越大。文化的进步的确为人带来了一定的幸福，但随之不断出现的不幸与悲剧也是始料不及的。到底什么叫作进步？伴随着进步而衍生出的竞争社会是否真的对人有益？对此，《老子》提倡：舍弃自作聪明的智巧，除去自身的欲望。停止一味追求进步的脚步，才能够实现在和平世界中与无知无欲的人们一起安详度日的梦想。

"尚贤"原本是墨家的主张思想，意指要尊重具有优秀才能的人才。它激烈地主张要尊重与人脉或血缘无关的优秀人才，儒家及其他学派也受此影响。战国时期的诸侯们遵于此道，于此展开了诸子百家的兴盛勃发，这无疑是当时的进步思想学说之一。然而老子对此持不同意见，他认为世间的混乱正是由民众炽烈的竞争心所造成的，因而发出了反对的声音。

"使夫知者不敢为也"中的"智慧之人"与"尚贤"中的"贤"相同，具体指的是当时诸子百家中的优秀人等。人民大众若是能够做到真正的"无知无欲"，就不会受到他人任意方式的诱惑或煽动，这些人的小"智慧"、小伎俩便完全派不上用场了，无法产生任何实质上的影响。

"为无为"一句在第六十三章中也曾出现，可以参照其注释以助理解。

4. 道冲（"道"的作用）

道冲，而用之或不盈。渊兮似万物之宗。

挫其锐，解其纷，和其光，同其尘。

湛兮似或存。

吾不知谁之子，象帝之先。

【译文】

"道"是空虚无形的，仿佛没什么用处，实际上它的作用是无穷无尽的，而这份虚空不会也无法被任意事物填满。这是因为，如若它是能够被填满的，则说明其终究还是个有形、有限的存在；且正是因为这份虚空，才更能显示出它无限的存在与作用。它就像那遥不见底的巨渊一般深奥，看来确是万物的根源。

它能够消磨一切锐气，消除一切纷扰，调和一切光辉，与所有的尘俗融为一体。

仿佛窥探清澈盈满的水底深处，它模糊不清却又好似实际存在一般，若隐若现。

我不知道它是何物之子，但比起孕育万物的天帝，它才更称得上是祖先呢。

【解说】

此为有关于"道"的内容的解说之章。既然是在谈论无法单靠语言完全解释清楚的东西，所用语句便会写成看似含混模糊的诗句，这反而是极其自然的现象。"道"是虚无的，所以其效用才可说是无尽、无限的；如同紧接着的第五章中的"橐籥"一例所述，"正因其虚空之处才得以诞生出作用"，还有第四十五章中的"大盈（最为充盈的）若冲，其用不穷"，均如此记载着相同的见解："道"虽看似虚无，实则"大盈"。它既是万物的始源，亦是一切的中心，它是比一切的始源更早诞生的存在，而一直以来留给人们的却只有它那朦胧的身影。

"冲"字之所以被解读为空虚之意，是因为它是"盅"的借字，有不同版本的文献中将此处记载为"盅"字。将"或"读作"又"也是如此，它俩互为借字。大多数版本的文献中使用的都是"又"，帛书中使用的是"有"，因而这三个字都可以通用。下文"似或存"中的"或"字在唐代的敦煌本等本中则是以"常"字替代。根据这个说法，则解读作"常存（好似永恒不变的存在）"。虽然这样意思也说得通，但似乎更符合第二十一章中"恍兮惚兮，其中有物"的朦胧感。看上去绝非普通，其中的确有什么东西存在着，文章想表达的就是这个意思。

"挫其锐"这四句与"和光同尘"这句成语一样，很是有名，同样的内容在第五十六章中也重复出现。所谓"道"的作用，是指遏制自己的锋芒和花里胡哨的杂念，从而使得人们变得能够遵从自己内心平凡又真实的想法。但此处在上下文的衔接上实则说不上做得好。除去这四句的话，前面的"深不见底的深渊"与后面的"清澈盈满的水底深处"作为比喻互相对应，这样就很连贯了。因此有人认为这四句是后来才被混添进去的，也有人认为应该将"渊"这一句挪到"挫其锐"这四句之后。

此处的"帝"是指天帝。在当时，天帝普遍被认为是创造天地的造物者，而老子则认为"道"是超过天帝的存在，它才是一切万物的始源。

5. 天地不仁（理想中的政治 2 ）

天地不仁，以万物为刍狗；圣人不仁，以百姓为刍狗。

天地之间，其犹橐龠乎？虚而不屈，动而愈出。

多言数穷，不如守中。

【译文】

天地是无所谓仁慈的，它没有仁爱，对待万事万物如同对待蒿草扎成的刍狗一般，任凭万物自生自灭。圣人的治理方式也是不讲仁爱之德的，对待百姓亦如同对待刍狗一样，没有用处之后便抛弃一旁，放任自流。

在天与大地之间的这个世界，岂不像个风箱一样吗？它空虚而不枯竭，越鼓动风就越多，生生不息。这便是天地自然间无心的作用。

喋喋不休只会让情况变得更糟，不如保持缄默，守护内心的虚静，这才是圣人的自然做法。

【解说】

天地自然之间看似是充满慈爱地运作着，实际上则早已不被仁德之类所束缚，无情无心地自然运作着一切。圣人的治理之道也是如此，讲究的是保持虚静、无心的境界，而非洋溢着慈爱、一起谈天说地这般。执政者用温润的语调，使用柔和的词令，这里面都是大有文章的。令人意识不到的治理才是真正的平和治理。

"仁"是儒家提倡的以慈爱为主旨的德行之一，本章发表了针对"仁"的一系列反对意见。当时的群众中有大批尊崇儒家圣人论的人，"圣人不仁"这一说法可说是震惊了整个思想界。

"刍狗"是一种用草扎成的狗，古代专用于祭祀之中，祭祀完毕便会将其烧掉或扔掉（《庄子·天运篇》第四章），用来比喻轻贱无用的东西，此处比喻天地对待万物是如何地不留情。

"橐籥"是锻冶师或铸工师在提高火力时所使用的鼓风器。外形一般都像是箱子或大袋子，将把手一按一拉便会有强力的风送出来。正因为它内里是空荡荡的，所以里面能容纳空气且将其变成强风，这是对天地运作方式的一个比喻。

"多言"的本意是话很多，在这里是指说很多关于仁爱的温吞语句。说起来容易做起来难，如果只是把好听的话挂在嘴边而从不真正去做些什么，往往都很难令人信服，没有什么好结果。就好像孩子们成长于只有甜言蜜语的环境当中时，不良儿童的数量会呈现出增多的趋势就是很好的证明。法家的韩非子也认为，人是容易恃宠而骄的生物。在帛书中，甲乙本均记载的是"多闻"，与《老子想尔注》所记内容相同，由此可确定此句本意并非针对"多言"，而是对于博闻的否认吧（注：老子认为人见多识广便有了智慧，反而会导致政令繁苛，破坏天道）。第二十章的"绝学无忧"等内容虽和本章前文联系不深，但在主旨上与此章是相当一致的。

本章分为三段，第二段承接第一段的前半部分叙述了天地的生成，第三段则是接着第一段的后半部分继续描写圣人的治理之道，但据说这三个段落原本都是各自独立的文章。特别是第三段，我们还可以把它单拿出来，视作关于处世多言的训诫。若说如此，想来将"不如守中"里的"中"解读为适量发言、不要多话也未尝不可。"中"还有"认真直视自己的内心"

这一层意思，与前一章的"冲"一样，同为"盅"的通假字。

6. 谷神不死（"道"的作用 2）

谷神不死，是谓玄牝。

玄牝之门，是谓天地之根。绵绵若存，用之不勤。

【译文】

山谷之神的生命就像从深泉中汩汩涌出的泉水一般，是长存不灭的。这叫作玄牝——玄妙的母性。

母性神秘玄妙的产门中可孕育生物，天地亦是由此处诞生，因而此处被称为天地之始源。它朦朦胧胧、若隐若现，其作用却是无穷无尽的。

【解说】

此章将万物产生的无限作用比作女性生殖的奥秘，并采用押韵诗一般的语言来表达。文中虽未出现"道"字，却清楚阐述了"道"的作用。

"谷神"的"谷"被视作是"穀"的借字，虽然也有人认为应将其解读为万物生长养育之神，但如字面意思解作谷之神的说法要更占上风一些。以《老子》为例，如同第四十章（旧

第四十一章）所说"上德若谷"（山谷之谷）一般，以"谷"作为事物的根源、始源等这种理想类的表达方式也不少。

"玄牝"中的"玄"与之前第一章中"玄之又玄"的"玄"同义，都是玄妙深远的含义。"牝"与"牡"相对应，既指女性，也指母性。自然万物皆是由生殖能力丰饶的神与天地合一而产出的。

将"绵绵"解读为"朦胧不清"实则有些词不达意。据高亨所记，它们是"昏昏"的借字，具有"冥冥"的含义。"绵绵"的字面含义是连续的、不断的，因此想来还是该将原文理解为"连绵不绝、永恒长存"的意思。

最后一句"用之不勤（尽）"，许多人赞同应如王弼本一样将其译为"不劳"。但由于高亨、小川环树博士均与《淮南子》所注一致，认为"勤"应该视作"尽"来理解，看来还是如此解读更恰当。

7. 天长地久（于"无私"之劝诫）

天长地久。天地所以能长且久者，以其不自生，故能长生。

是以圣人，后其身而身先，外其身而身存，非以其无私耶，故能成其私。

【译文】

天长，地久。之所以能如此，是因为天与地无心于自己的生存延续，而是自然地运转着，因此天地能够长久生存。

所以，与"道"合一、通晓天地道理的圣人将自身置于他人之后，遇事谦退无争，反而因此能在众人之中领先；将自身置之度外，因而能够借此保全自身。这一切的根本原因是由于圣人无私、无欲，也正因如此，反而能够成就其自身。

【解说】

这一章主要是讲不要拘泥于自身。盼望能够如愿以偿是人之常情，但万事都以自己为中心来思考是行不通的。在现代社会中不论男女，似乎人人都想要踩着别人向上爬，这是在这个竞争社会的影响下衍生出的恶劣习性。似乎不这么做就会变成失败者——这股压迫感使得这些可怜的人们只能日夜不停地苦苦奋斗。与天地的悠久相比，这是多么地虚无缥缈啊。天地自然之所以能孕育如此悠久的生命，正是因为它没有追求自身永存这样渺小的念头。第五十章有记载，"人之生，动之死地"，意为人本来是可以长生的，却因为过分地追求生，反而走向了死亡的毁灭之路。如果男女人人都可以敞开自我地互相对待，那么结果必然是人人都能被拯救。放弃对自我的执着，从"我欲"变为无欲无求。正如第十九章中所写，"少私寡欲"。自我和欲望是紧密相连的，只有与"道"融为一体，将全身心托付于自然的流动中，如此即能揭开自己的真实个性，并将其贯穿于之后的人生道路中。

"天长地久"原用于指皇帝和皇后的生辰，称之为"天长节""地久节"，后被百姓总结成这么一个典故，被认作是天长地久的佳话。

圣人将自身置于他人之后，因此反而领先于众人，同样的话在第六十六章中也有记载。"欲先民，必以身后之"，意为想要领导人民，必须把自己的利益放在众人的利益之后，如此便既能体会世俗的关心，也能见识到老谋深算的计谋。无私无欲才能成就自我，应当作如此理解。《老子》中包含了大量关于政治与现实处世类的训诫，有些话语确实给人一种狡猾、世故的微妙气氛，但如果被这种小事绊住并耿耿于怀，就无法掌握《老子》的真谛了。

虽然"非以其无私耶"中的"非"与"耶"二字作为反语互相衬托，但在敦煌本的原文中是没有记载这两个字的。这一句与前文的"以其不自生"也是语义相合的。虽然考虑过此二字是否应当被除去，但由于新近出的帛书本中采用了此二字作为反语，本章便也就将其这样放置了。

8. 上善若水（不争之德1）

上善若水。水善利万物，而不争，处众人之所恶。故几于道。

居善地，心善渊，与善仁，言善信，正善治，事善能，动善时。

夫唯不争，故无尤。

【译文】

最真的善就好像水一般。水善于滋润万物而不与万物相争，能够停留于众人都不喜欢的地方，因此才最接近于"道"。

最善之人选择佳地作为居处，心胸保持沉静而深奥，待人真诚、友善且言而有信。为政则平和并使用怀柔政策来治理国家，处事能够善于运用自己的长处，在行动时善于把握有利的时机。一切像水一样不争不抢的做法都可以说是善。

说到底，正因为怀有不争的美德，所以才没有过失，更不用谈怨咎了。

【解说】

这一章承接了上一章中的内容，不光要将自身置于他人身后，更进一步地呼吁人们停止竞争。纵观人类悠久的历史，再近看我们所处的现代，不难看出斗争之于人类似乎是不可避免的现象。正因如此，老子的"不争之德"（第六十八章）才愈显珍贵。同样都是为了追求人类真正的幸福，这与孔子的仁、耶稣的爱和释迦牟尼的慈悲都是同样珍贵的。

"上善若水"意指以水的姿态为模范。在《老子》中，将水比作理想道德楷模的内容并非只此一处。看着水往低处流那柔顺又与世不争的形态，老子认为人们应该以此作为人生的楷模。正因老子的思想拥有这样的特色，其处世哲学得到了"濡弱谦下"这样的评价（与《庄子·天下篇》吻合）。以水之德作文章的并非只有《老子》一家：《荀子·宥坐篇》中便提到水之德乃儒家道德中的名项（如"夫水……似德"），《管子·水地篇》中则被赞为是"万物之本原""诸生（产生）之宗室"等。相比之下，《老子》对水德的见解比较不一样，既没强行牵扯于道德一类，也没有提到生命的源泉这样大的概念，而是简单地以水描绘了他理想中具备崇高人格的圣人形象。

总体来说，"居善地"一段七句与前后文关联得并不是很好。除了像上文这样混入"上善"旧版注本中所使用的词汇之外，也有过改变它们顺序的试行方案。虽说去掉这一段能使原文前后连接得更紧密，但为了将本章重点更好地放在"以水的性质来比喻高尚品德者的处世之道"这一主旨上，我决定还是将现有的原文顺序完整地保持下去。

9. 持而盈之（抽身之时）

持而盈之，不如其已；揣而锐之*，不可长保。金玉满堂，莫之能守；富贵而骄，自遗其咎。

功遂身退，天之道。

【译文】

与其万事万物追求持执盈满，还是早些适可而止的好。不停地打磨、将剑刃锻造至极度锋利，其锐势是无法长久保持下去的。即便金玉满堂，并不能保证永远保有。若因有财有势而自矜自傲，更是为自取灭亡埋下祸根。

功成名就之后不该总是身居其位，而应该功成身退，这才符合天道与自然的规律。

【解说】

正如有上坡便会有下坡一样，人生有起必有伏，到达顶点时其威势必然会呈现出衰败的趋势。然而比起努力爬坡、早日登顶，学会在适当的时机全身而退才是最重要的，这便是本章的主旨。即使完成了一番丰功伟业，若是居功自傲、忘乎所以，便无法敏锐察觉到身处顶点时的危险，结局必定是身败名裂。只有与无私无欲的自然之道融为一体，才能够洞察万物。

这一章对于"持盈""持满"有着独到的见解，是一则非常著名的处世训。

将"揣"字解读为打磨、锻炼，是取自《说文解字》一书中"捶"字之义，此与顾欢在《经典释文》中"冶炼"的说法也相吻合。

在底本原文中本来是"揣而棁之"，但本章还是依据河上公本，将其改为"锐"字。

在以河上公本为首的几个版本中，"功成身退"均是记录为"功成名就"一类，使用"成名"二字者居多。"成名"泛指的是成功之后提升自身名誉与知名度。本书中，作者选择将底本原文保持原样。

10. 载营魄抱一（圣人之德）

载营魄抱一，能无离乎。专气致柔，能婴儿乎。涤除玄览，能无疵乎。爱民治国，能以知乎*。天门开阖，能为雌乎。明白四达，能无以为乎*。

生之畜之，生而不有，为而不恃，长而不宰。是谓玄德。

【译文】

为免身陷迷惘而紧紧守住唯一的"道"，使身体与精神合一，是否能做到再不分离？聚集精气以致身心柔和温顺，能做到如婴儿一般的无欲状态吗？将自身深处深邃灵妙的心灵之镜清洁得一尘不染，便能做到毫无瑕疵吗？治理人民深爱的国家，能否同时不为人所知、所崇呢？万物产生之始源发生一切动静、变化与运动时，能否如雌性般保持身心宁静？明白世间一切事理后，是否还能做到不动心智且无为呢？

使一切生灵生长繁殖，生产万物、养育万物而不将其占为己有，行伟业而不依赖于实绩，即便成为首领也不强去加以主宰。

这样便叫作玄德——玄秘而深邃的德行，亦被称为圣人之德。

【解说】

此章以富有诗意的句子描述了常人难以企及的境界——圣人之玄德，其中心主旨即文章开头的"抱一"。如王弼所注，"一，人之真也"，"一"可以视作是与"道"同义的别称，这样的用法在第二十三章（旧第二十二章）与第三十九章中也有出现。婴儿、雌性、无瑕疵、不为人知、不要心机等，这一系列言辞均是在对"与'道'融为一体且不分离"这一境界进行更进一步的具体描述。

至此，此章中依然弥漫着神秘的气息。想要平息自己处于迷惘之中的肉身，或欲将精气集中于体内，这样的事情究竟是如何做到的呢？这恐怕是靠与被视为是仙人之修行的静坐法、呼吸法相结合的一类方法吧。"涤除心镜"与"天门开阖"，这两句被认为饱含玄妙而神秘的宗教背景，实际上老子并未同样浸染其中，不如说他是为了清晰阐明自己的"道"，反而是借用了这份背景玄妙的力量。尽管阐明其"道"所用的语言大都暧昧模糊，但为了将那些原本无法被表现之物展现出来，这么做是必须的。这实则是老子的一片苦心。也正因如此，这一章含有很多难以理解的词语。

"载营魄"中的"营"与"荧"字是可以通用的，都代表困惑、迷惘的意思。"魄"是与人的身体相关的精气，"魂"则是与精神相关的灵魂，此二者互相对照。"载"是安心、满足的意思。"魄"被认为比"魂"更粗劣一些，因此更易陷入迷惘之中。除了魂魄与灵魂之外，"营魄"还有其他各种各样的解读方式，"载"字亦有静处、凌驾等说法。

"玄览"也是较难理解的词语之一。王弼本认为其意是去污秽以使洞察力更加敏锐，河上公本中则是将"玄览"视作心镜，认为其意在于洗净、排空自己的心。"览"是"鉴"的借字。在《淮南子·修务篇》中也对玄鉴与心的关系进行了注解。由于在帛书乙本中记载为"监"，其与"鉴"是通假字，所以此处应当遵循河上公本的注解，将其理解为心镜。

"爱国治民"之后的"能无以知乎"与下文"明白四达"

后面的"能无以为乎"虽与通行本所注不同，但与傅奕本、范应元本的记载一样，单从注释上来看，王弼本原本也应当是相同的。在通行本中，没有"以"字或将"知""为"二字的位置前后调换这样的改动比较多见。

"天门开阖"也是较难理解的一处。对"开阖"的理解似乎没有什么问题，"天门"究竟指的是什么，"开阖"又具体象征着什么，这才是难解的地方。有人认为这是在指玄妙又深奥的内心活动，也有人认为此处与第一章中的"众妙之门"相同，应该将其视作一切现象都以微妙之姿自然出现的"出口"。如《庄子·庚桑楚篇》第五章中所记，"入出而无见其形，是谓天门。天门者，无有也。万物出乎无有"，说的便是这么一回事儿。而在河上公的注解中则是将其解作"鼻孔"，与仙人的修行方式——呼吸法有着不可磨灭的关联。

"生而不有"以下四句在第五十一章中也有重复出现，结合前一句的"生之畜之"，导致一部分学者对此处内容持怀疑态度，认为其是由他文混杂而入。"生而不有"与"为而不恃"这两句在第二章中也出现过。"长而不宰"一句与第二章中的"功成而弗居"是同一个意思，将"长"理解为成长、养育之意也是很普遍的解读。"是谓玄德"这一句除了本章之外，在第五十一章与第六十五章中也出现过。

11. 三十之辐（"无"的作用）

三十辐共一毂，当其无，有车之用。埏埴以为器，当其无，有器之用。凿户牖以为室，当其无，有室之用。

故有之以为利，无之以为用。

【译文】

三十根辐条汇集到一只毂的孔洞当中，这才成为一个完整的车轮。正是因为有了车毂中心空着的部分，才能使其作为车轮发挥作用。比如揉和陶土做成器皿，如果没有中空的部分，就无法称之为器皿。开凿门窗、建造房屋，也是因为有了门窗四壁当中的空间，才称得上是房屋。

所以说，"有"给人带来便利，"无"才是万物从根本上各自发挥作用的关键因素。

【解说】

本章从根源上论述了"有"与"无"的相互关系。现实生活中，人们大都只将注意力集中在有形之物等看得见、摸得着、有实体形象的东西上面，一般也是以有形之物的方式受到恩惠。不得不说，"形"在很大程度上支撑着"有"；"无"则起到衬托、凸显的作用。虚空的东西看上去毫无用处，实则并非如此。老子以车轮、器皿、房屋这三样东西为例来说明"有"与"无"是互相依存且互相为用的，正因为有无形之物，才能够凸显出有形之物的作用、性质与存在价值。无形的东西能产生很大的作用，只是不容易被人察觉。种种现象背后的世界处处皆遵从"道"在运作着，老子在本章阐明了这样一个观点。

让我们来说说车轮的构造吧。辐是车轮中连接轴心和轮圈用的木条，毂则是车轮中心的木质圆圈，中间有圆孔，辐条呈放射状插在这些圆孔当中，再连接上轮圈，这才成为了一个完整的车轮。这便是本章所说的"其无"：正是因为这些中空的圆孔，车轮才能够转动起来，发挥它的作用。

说到"凿户牖以为室"，可以将其理解为在现在的中国西北地区还可以见到的穴居之家（窑洞），"其无"即指房屋四壁之间的空间。若不制造出这个空间，也就无法实现它作为房屋的功能。

河上公本将此章命名为"无用章"，意思是主讲"无"的作用，与本章将"无"作为重点的主旨相吻合，《庄子》中所说"无用之用"的语境也与此相近。虽然这一句仅含有"乍看是无用之物，实则大有作用"这一层意思，但在《庄子·外物篇》第七章中，则明确地提出了"有无相生"之论。如其所记，"大地是广阔的，人们所用到的不过是脚能够踩踏到的区域而已。既然如此，若只留下人类所用的这一小块，将其余的土地全部掘走，大地便不再是大地，对人来说即成了无用之物。如此说来，没有用处的作用便也相当明了了"。

12. 五色令人目盲（奢靡使人疯狂）

五色令人目盲；五音令人耳聋；五味令人口爽；驰骋畋猎，令人心发狂；难得之货，令人行妨。

是以圣人，为腹不为目。故去彼取此。

【译文】

缤纷的色彩会使人眼花缭乱；嘈杂的音乐会使人听觉失灵；混淆了酸甜苦辣的料理会使人食不知味；肆意驰骋、纵情狩猎会使人心旌摇荡、神志癫狂；稀有难得的珍贵物品易使人意图行为不轨。

因此，圣人但求填饱肚腹而不追求声色犬马，不被物欲所诱惑，从而能够保证安定知足的生活方式。

【解说】

若是一味地追求短暂的一时之快，被感官上的欲望牵制，人终将沉沦其中、无法自拔，从而使原本正常的心智日渐走向疯狂。此处并不是说颜色本身的存在是罪恶，而是说时常流连于花红柳绿之中易被五彩世界迷住，进而失去自我、被蒙蔽双目，这才是最可怕的地方。这里所说的"驰骋畋猎"与"难得之货"是较为简单易懂的说法，实际上是指纸醉金迷的贵族所追求的声色之娱。正如第三章中所说，"不贵难得之货，使民不为盗"，普通百姓的生活与欲望势必会受到贵族、王族的影响与波及，可以说这是一个普遍的人性上的弱点。老子向来厌恶装模作样与虚假繁荣，显而易见，本章与其流派的文化批判有着不浅的关联。

"五色"是指蓝（青）、黄、红（赤）、黑、白。"五音"与"五声"相同，指的是宫、商、角、徵、羽五音阶。"五味"是指酸、咸、甜（甘）、辣（辛）、苦。此三者在原文中各自代表了多种多样的色彩、音乐与美食，它们从生活中各方面刺激着人们的欲望，从而使人心浮躁、发狂。

本章的"为腹不为目"与第三章的"虚其心，实其腹"相吻合，二者的主旨是相同的。为了消弭饥饿而填饱肚子，同时也为了消除自己贪恋感官欲望的散漫的心绪，充实自己的内部力量，说的是这么一回事儿。"目"即代表着感觉。

"故去彼取此"一句在第三十八章与第七十二章中都可见到，都含有"故"字且均是在文末以总结的形式出现。由此可知，此处并非是有关于圣人的说明，而是应当视作将其接受、承载并总结而成的句子。"彼"作为感觉的对象，意指外界事物，"此"则是指自身内在的真实力量。河上公本中将此注为"去彼目之妄视，取此腹之养性"。

13. 宠辱若惊（自身比俗世间的价值更重要）

　　宠辱若惊，贵大患若身。

　　何谓宠辱若惊？宠为上*，辱为下。得之若惊，失之若惊，是谓宠辱若惊。

　　何谓贵大患若身？吾所以有大患者，为吾有身，及吾无身，吾有何患？

　　故贵以身为天下，若可托天下*；爱以身为天下，若可寄天下*。

【译文】

　　受到宠爱或受到屈辱，都会使人战战兢兢，那是因为人们把荣辱、名誉与财产等看得与自身生命一样珍贵，倾注了相当大量的精力与关注才会如此。

　　受到宠爱或屈辱都会感到惊恐不安，这是怎么一回事？人们将受宠看作好事、受辱看作坏事，于是日夜惴惴不安，担心事情能否顺利进行，这就是宠辱若惊的意思。

　　什么叫作如同重视自身一样重视名誉、财产等大患呢？我们之所以如此担惊受怕，是因为我们有身体；若是没有身体，那还有什么好担心的呢？如此想来便能明白，身体才是这一切的根本。

所以，只有珍视自身多过治理天下之人，才可将天下交于其治理；为了治理天下而知晓爱惜自己的身体，这样的人才可将天下托付于他。

【解说】

与前一章"为腹不为目"的主旨相同，本章讲的是比起荣辱这等身外之事，人们应该要更加珍视自己、自身。只有懂得尊重、爱惜自己的人才能懂得如何珍爱他人，也只有这样的人才担得起治理天下的重任。此章所强调的针对自身的尊重言论，看似与第七章所讲的放弃对自我的执着、与"道"合一以达到无私的境界——"外其身而身存"的言论相互矛盾，实则是人们对文章主旨的理解有所偏差。本章所提的"珍视自身"诚然是在劝诫人们不要为了俗世间所谓的价值愚蠢地牺牲自己的生命，并非是在呼吁人们倾向于执着我身、我欲。虽说老子的这条劝诫含有不少现实主义的成分，但若拘泥于此，反而会迷失自我。这是《老子》反复强调的一点。

关于"受到宠爱或屈辱都会感到惊恐不安"一句，在宫中伺候君主或尊奉上司，而后却灾难临头，结合这样的场景就很好理解了。想必这一套对现在的工薪族群来说依然适用，亦广泛代表了吾等在意世间评判的俗人观念。人们沉迷于功名利禄，每天做着出人头地的美梦，却并没有意识到这种习性是有害而致命的。

根据武内义雄博士的说法，之所以有"贵大患若身"一句，实则是针对上一句的解说。将此句与"宠辱若惊"进行关联思考是我等俗人的普遍反应，由此可见武内的说辞是很有说服力的。"大患"如字面意思，指的是很大的危害，而对俗人来说则是不知其有害的东西。于此处意指与前文所提的荣辱相关联的功名利禄。

"宠为上，辱为下"一句在各版文献中皆有不同之处；王弼本中记的是"宠为下"而没有中间的三个字，在河上公本的版本中是只有"辱为下"而没有前面的三个字。此处则是依据景福碑、武内博士的说法修改而成。除了陈景元本之外，亦还有一些与景福碑原文所载内容相同的文献。

"贵以身为天下"与"爱以身为天下"两句字序相近而略显拗口，但其句意在各家之间却几乎都是一致的。在《庄子·在宥篇》中有着相同的话语，只是在"身"与"为天下"之间加了个"于"字，且在文中对此二项有着明确的比较关系。帛书甲乙本的原文中也均有"于"字。"以身"可以按照字面意思理解为"为了身体"，但理解为"与自身相关联的诸行事"应该更为妥当。

"若可托天下"与"若可寄天下"两句的顺序与河上公本是一致的，而在王弼本中则是前后进行了互换，由此看来王弼所注之文似乎有些误差。此处与《庄子》《淮南子》所记文章相吻合，帛书中也是将"托"句置于前，"寄"句置于后。两句开头的"若"字与"乃"字意义相通，这是对采用"则"字或"乃"字的原文文献的一种解读。《国语》中也有"若乃"这一说辞。

14. 视之不见（"道"的体验 1）

视之不见，名曰夷；听之不闻，名曰希；搏之不得，名曰微。此三者不可致诘，故混而为一。

其上不皦，其下不昧，绳绳不可名，复归于无物。是谓无状之状，无物之象。是谓惚恍。

迎之不见其首，随之不见其后。执古之道，以御今之有，能知古始。是谓道纪。

【译文】

使劲睁大眼睛也看不见的无形之物，我们将其称为"夷"；竖起耳朵仔细聆听也无法捕捉到的无声之物，我们将其称为

"希"；不停挖掘寻找也无法以手触碰到的微妙渺茫之物，我们将其称为"微"。我们无从追究此三者的形状与源头，它们原本就是浑然为一的。

在其之上并不会变得光彩四射，在其之下也不会显得阴暗晦涩。它们朦胧不清、若隐若现、延绵不绝，却又不可称名，且最终也会回到那无边无际亦没有任何东西存的世界里去。这便是"没有形状的形状""不见其物体的形象"，又可将其称为"惚恍"——朦胧模糊之意。

即便正面迎着它，也看不见它的头，随后跟着它也看不见它的尾。好好遵守古时最本原的"道"之立场，并以此来驾驭现实存在的具体事物，如此才可将古时万物始源最初的模样牢记于心。我们可以将其称为"道"的中心。

【解说】

虽说这是以"根源"的视角来描述"道"的一章，实则包含了一种观念，那就是想要以自己的方式来揭露那超越感觉与知识的朦胧之物，并在文中体现了这个观念的可实践性。关于本章，小川环树博士表示，"我认为老子是在谈论一种玄妙神秘的体验，以微弱的光在摸索中前进，可以将其理解为对冥想者的描写"，博士给出了如此这般正确的注解。

究竟什么是贯穿世间万物始终的真正根源？单纯将其解释

为"道"是没有意义的。天也好神也好佛也好，不论哪样都要靠自己的力量去探索其真身、真相，换句话说，只有亲自参与进去，将其与自身融为一体才有可能探明真相，这种亲自体验的过程是不可或缺的。这些时隐时现的朦胧之物终将回归于无形无象的世界，等到通晓、实现"道"的境界之时便能明白，现在世间的一切，皆是由万物之始源自初始之时便延续下来的，无关过去与未来。

"夷""希""微"三字不仅同韵且发音相近，语义也是相通的，都是在形容以人的感官所无法把握的幽而不显的"道"。"夷"字与《列子·天瑞篇》中"太易"的"易"字是相同的，《列子》中有记载，"气形质具而未相离"与"易无形埒"，此二句皆是关于"道"的描写。"希"与本书第四十章"大音希声"中的"希"是一样的。"搏之不得"中的"搏"字在《说文解字》中被注为"索持"的意思，此处依据段玉裁的版本将"索持"一词注为"摸索而持之"之意。

将"故混而为一"中的"故"，理解为"因此"，这是较为普遍的解读，但由于与前后的因果关系并不是很明晰，此处还是将其视作"固"的借字来考虑。"夷""希""微"这三者并非各自分散，它们原本就是一体的。

"其上""其下"，到底是指什么呢？有人认为"上"是指"玄之又玄"的"道"的世界，"下"则指的是现象世界，这个说法并不是很准确。一般来说"上"都是光明向上之意，而"其上不皦"这一句却是"其上并不光明"的意思，想来"玄之又玄"这个形容不是特别恰当。此处的两个"其"实际上是指前段所叙述的朦胧不清的"道"。任何普通的物体都存在大小或明暗、光影等差异，而"混而为一"这句中所"混"之物则是无形、无象、无差别之物，这是本章所要表述的一点。

虽说将"绳绳"解释为"连绵不绝"是比较普遍的说法，但由于会使人联想到前后等关系，就不能说是最好的解释。按照《经典释文》中"无涯际之貌"一说来理解才是最佳。有人认为应该按字面意思将其理解为无穷无尽，我们也可以将其解释为不清不楚、迷茫模糊。高亨由于误将"绳"字认作"㡭"字，所以将其注为"冥冥（昏暗的、不清不楚的）"之意。"绳绳不可名"是形容"道"的一句，与第一章的"无名天地之始"和第二十五章中承带"天下之母"进而提出的"吾不知其名，字之曰道"一句所表达的语义皆是一致的。

"迎之不见其首"与"随之不见其后"这两句是在说"道"不仅无形无状，而且也不会受到时光流年的影响，意指其源头是无从考究的，其末尾就更不用谈了。古时便已存在的"道"就这样原样延续了下来，一如既往地支撑着现在的世间万物，使人得以从中瞥见万物的始源——"天地之初始"的真面貌。这才是通往"道"的中心最正确的路。

15. 古之善为道者（"道"的体验 2）

古之善为道者*，微妙玄通，深不可识。夫唯不可识，故强为之容。

予兮若冬涉川，犹兮若畏四邻，俨兮其若客，涣兮若冰之将释，敦兮其若朴，旷兮其若谷，混兮其若浊。

孰能浊以静之徐清*？孰能安以动之徐生*？保此道者，不欲盈。夫唯不欲盈，故能蔽而新成*。

【译文】

古时候的得"道"之人微妙通达，其深刻与玄远不是一般人可以理解的。正因为这些本就无法阐明，所以我们只能勉强地形容他。

他小心谨慎，像是在冬日里踩着冰凉的水过河一般；他警觉戒备，像是防着四面八方的敌人一般从不轻举妄动；他的仪表整洁笔挺，如赴宴做客一般礼仪周正；他行事直率又爽快，就像冰块终将消融一般毫无迟疑；他纯朴厚道，就像那未经加工的原料；他像深幽的山谷一般旷远豁达，置身于无心的境界；他宽容浑厚，像是不清澈的浊水一样。

究竟是谁能使浑浊静止下来，慢慢归于澄澈清透？谁能使安定的一切运转起来，慢慢显出生机？能做到这些的只有

"道"。恪守此"道"之人不会期望一切愈加丰盈，正因为他没有"持盈"这种念头，所以即便失败了也可从头来过，去故更新。

【解说】

在前面的章节中，老子通过描写摸索"道"的经验讲述了"道"的微妙之处。此章则是紧接前章，向我们展现了古时通过修行而体会并得"道"之人的风采。体会到了"善为道"的人，换句话说，即"保此道者"。这样的人自然与"道"本身相同，对周围也可起到同样的作用。"微妙玄通，深不可识"这两句，可直接将其视作针对"道"本身的说明。其实"微妙玄通"已经算是非常直白又到位的描述，因此不必再对此多加说明了。然而，哲人即便得"道"，终究还是一介凡人，是有形之物，并非完全等同于"道"本身。若是透过这人形再看哲人时，又将是怎样一番光景？由此可知，若是企图通过观察得"道"之人来钻研"道"的作用或形式，怕是会吃力不讨好。整体来看，此处仍是固守于"保持宁静且柔弱不争"这样一种立场。

"古之善为道者"的"道"字在诸版底本中多以"士"字替代，将其记作"善为士者"，本章则依据帛书乙本与傅奕本，在此记为"道"字。此句在第六十五章中也有相同记载。虽说"善为士者"这一句在第六十八章中也出现了，但其意是指勇武善战、好战之人，与本章所说最理想的得"道"之人的风采大有不同。马叙伦也认为应以"道"字为佳。

说到古时哲人的风貌，文中的"予兮""犹兮"语意是相同的，这两个描述都是在形容得"道"之人的警觉与谨慎。"若冬涉川"意指不要轻举妄动，应当谨慎行事；"若畏四邻"是指能够应对身边意外之变，以显得"道"之人的思虑之深；"俨兮其若客"凸显的是其威仪与严肃；"若冰之将释"意指其自然不做作；"其若朴"是形容其不加修饰的自然纯朴；第十一章中论述了"虚无"的作用与价值，与本章的"旷兮其若谷"同出一辙，皆如《庄子》所记"应而不藏"一般，均表达了应和事物本身、从不有所隐瞒之意，由此进一步强调了得"道"之人的"无心"之状；"混兮其若浊"则是形容去掉智巧与分别心后所得到的浑厚质朴。以上所论不论哪一项，都与"道"的性质有所关联。

接下来讲讲"孰能"这两个问句。后面一句在底本中记作"孰能安以久动之徐生"，比本章多加了一个"久"字。由于加上后显得与上一句对应不佳，且王弼本中也是没加"久"字的，故此处将其除去。虽说也有文献将前面一句写作"孰能浊以止静之徐清"，但如此一来上下两句难以对应。"孰能"这两句中所提到的这两件事是非常困难的，一般来说很难实现。普遍来讲，世俗的想法倾向于追求直白明晰、积极生产，而得

"道"之人不这样做——他即便身陷泥淖也不失冷静，并且从自身出发，使一切归为澄净。此处既可将其理解为与前文所述"善为道"之哲人相似的存在，亦可直接理解为在讲"道"自身的存在。如此一来，此句与下文"保此道者"之间的语义关联便显得非常顺畅了。

　　显然，此处的"保此道者"与最开头的"善为道者"说的是同一码事。这样的人不论做什么都不会有贪图拥有、占有的满足感，这一点在迄今为止的章节中不乏明晰的阐述。盈满为祸的道理早在第九章中就有描述，"持而盈之，不如其已"，这一句同时也是对哲人人生态度的表达。"正因为他不追求万事盈满，所以即便失败也可重新再来过"，这一句所传达的就是一旦处于盈满的顶点，万物就会失去再生的活力这么一种思想。就像开花时生发过度，树最终都会枯死，勉强到达盈满顶点之人总有一天定会陷落，永无东山再起之日。本章依据帛书，在此补加"欲"字，记作"夫唯不欲盈"，这是对上一句的重复强调，与前文的"夫不唯不可识"比起来要相对清晰且容易理解一些。唐代有好几个版本记载的是"蔽而复成"，本章还是依从多数在此记为"蔽而新成"。相似的训诫在第三十二章（旧第二十二章）中也有所记载。人们认为此处可用衣类作为例子，即使旧了或磨损了，反而因此能够得以修补、重新制作，这展现出了再生的力量。"蔽"是"敝"的借字，代表了破坏、破损的意思。

16. 致虚极（"道"的体验3）

致虚极，守静笃。万物并作，吾以观复。

夫物芸芸，各复归其根。归根曰静，是谓复命。复命曰常，知常曰明，不知常，妄作凶。

知常容。容乃公，公乃王，王乃天，天乃道，道乃久。没身不殆。

【译文】

尽力使心灵处于空明宁静的无欲状态，使自身清净并对此坚守不变。世间万物都在蓬勃生长，自己则在一旁静观它们生存的往返循环。

虽然万物纷杂繁多，但它们最终还是会各自返回到各自出生的本根那里去。回归本根这一深邃幽静的过程就叫作清净，即复归于本来的命运。复归于生命是在描述万物运动变化的永恒规律，只有认识这守常不变的规则之人才称得上是真正的明智；若是认识不到自然规律而轻举妄动，往往与其结伴而行的便是无妄之灾等不良后果。

遵从自然守常不变的规则之人能包容一切事情，正因如此才能够做得不偏不倚、公正无私。这份公正即王者之德所在，若是与王者一致，便也是与天一致了。天与"道"的作用是相同的，而与"道"一致才能做到真正的永久长存。这样的人，终身都不会遭遇危险。

【解说】

哲人洞察了世界的真相。从表面上来看，世间万象的活动永远是那么生机勃勃，仿佛没有终点一般，不断呈现增长、上升的趋势。然而，只是一味地生成、不断地向前迈进，这一现象实则是通向消亡的回归之举。哲人看透了这一点，教导我们要冷静面对自身终将回归的根源，努力保证自身一生不落入危险之境。

此章与前章相同，内容皆是关于得"道"之人、哲人。之前所述古人逸事，难免沾染古代理想的寄托，这里所记述的则是作为"吾"的老子的亲身体验，比古时之事更具体，也更有实践性。怎样才能算作参透世界的真相呢？答案便是原文开头的两句。置身并沉于虚静的状态，使自己无心无欲的本性得以觉醒——这不仅仅是一种特殊的精神状态，从其结果上来看亦算是一种修行。一切的一切终究还是要回归于万物之始源，这便是哲人参悟出来的真相。在哲人老子的带领与诱导下，相信我们也能够全身心地投入到回归的潮流之中，做到与潜藏于静谧深邃之处的"道"合而为一吧。

"致虚极"中的"虚"与前面"谷神不死"一章所述相同，都是指排空心灵、达到无心状态的意思。消除心中的杂念，也就是消除欲望带来的束缚，敞开心扉、开诚布公。哲人深刻地意识到，只有这样做，人们才能收获内心最终的平静。接下来的半句"守静笃"便是在补充并强调这一点。

"夫物芸芸"这一句被认为是在拿草木做比喻。"芸芸"本身指的是草木茂盛生长的繁复杂乱，河上公本中将其注为"花与叶的茂盛之姿"。所谓"归根"，是指秋叶飘落于树下，经过沉淀将自身转化为肥料，然后萌发出新芽的这么一个过程。老子在思考这自然循环的同时，不同于只注目于生长繁茂的表象的我等俗人，还强调了回归存于表象背后的根源这一思想。第十四章的"复归于无物"与第二十八章的"复归于婴儿""复归于无极""复归于朴"，通通证明了回归是老子思想中至关重要的一点。虽然从历史的时间上来看，这是回归质朴的远古说辞，若是放到现在的时间点来说则是回顾自己的立足点，重新找回自身生命之根源的本性。劝阻驰骋于世俗喧嚣中的自己，让身心回归于那深邃虚静的故乡，如此一来，与"道"合一只是一个必然的结果。

"知常"与"不知常"之后所出现的"容""公""王"作用相似，此三字依据守恒不变的自然本性，一步步阐明了与

"道"合一的境况与立场。虽然此处这一"王者"的说法感觉有些违和，但由于在第二十五章中与"道"和天地并列的同样是"王"，并有这"域中四大"之一的名号，想来此处是没有错误的。《老子》中对于政治的关心是较为强烈的，但它与金兰斋的"如心之位"一样，展现的是对精神境界的保持与详解。

17. 大上下知有之（理想中的政治 3）

大上下知有之。其次亲而誉之。其次畏之。其次侮之。
信不足，焉有不信*。
悠兮其贵言，功成事遂，百姓皆谓我自然。

【译文】

　　最优秀的统治者从不轻易或刻意发号施令，人民虽然知道有统治者的存在，但不知道他是谁；差一些的统治者对百姓施以小恩小惠，老百姓亲近他，称赞他；更差的统治者用严刑峻法来镇压人民，老百姓避之唯恐不及；最差的统治者得不到百姓的尊重和爱戴，大家都轻视他、待慢他。

　　统治者若是诚信不足，执政的时候时常搞些小伎俩、要点小聪明，这样是绝对无法得到人民的信赖的。

最优秀的统治者应当怡然自得，谨言慎行，惜字如金，从不轻易发号施令。正因如此，当事情圆满办成了，百姓们就会发自内心地认为"我们本来就是这样的"。

【解说】

在这一章里，老子提出了无为、自然的政治思想主张。政治不能单纯地曲解为治理人民，换句话说，如果让人民感受到统治者的存在，人民就会产生或尊敬或厌烦的念头，这样的政治不能称为最理想的政治。使人民与政府互不干涉、相安无事，不留下任何治理的痕迹，这才是自然的治理，即所谓的"大上"之政治。

有些文本记录的是"太上"，与本书的"大上"相同，都是表示最好、至上的意思。本章依据《韩非子》，在此将其注为对君主之事的探讨，但也有分析认为此章描述的是太古（指有史以前）时代的理想状况，是一种乌托邦式的政治幻想。如此一来，对下文的"其次"的理解也会随之而变动。

伴随着改朝换代，我们的政治变得越来越差，这一点与老子的尚古思想是一致的。本章将其注解为君主之道可能稍显古旧，但单论内容，我们完全可以结合现代的潮流来反复推敲。有的文献中将"下"换成了"不"字，记作"大上不知有之"，将其注释为"人民都不知道他的存在"，这是新时代的人做的修改。

"其次"之后的"亲而誉之",被认为是在比喻儒家主张实行的仁政,"畏之"则是在指法家主张的严刑峻法。从太古纯朴的政治到儒教的德治,再到主张将习惯接受恩惠的人民予以统治的法治,虽然也可以理解为这是在描述时代变迁所带来的政治方式的变化,但将其理解成与"道"渐行渐远的君主之治才是最佳的解释。在帛书甲乙本中,"其次侮之"是记作"其下侮之"的,代表了更差、更劣等的意思。

"信不足,焉有不信",相同的内容在第二十四章(旧第二十三章)中也出现过。其中的"信"代表着信义、诚实,结合上下文来看则是意指行政需抓住无为自然的要领,也就是说待人应秉持诚实的态度,而充满智巧、刻意做作的政治是无法使人感受到诚意的。王念孙将"焉"字注解为"则、于是"的意思,普遍的说法则是将它认作上句句末的助字。底本的记录中在"有不信"之后也是有"焉"字的,此处也是依据王念孙的版本将其去掉了。在帛书甲乙本的记录中这两句之后都没有"焉"字,而是选择了"案"与"安"这两个通用字进行替代。这三个字是通用的。

"贵言"的"贵"与"重"字相通,由于"重"是重难的意思,我们对"贵"字也应当给出相近的解释。他将自己的嘴视为尊贵的,惜字贵言,不会被胡乱说话之人所指令,这与第二章中的"是以圣人处无为之事，行不言之教"说的是同一回事。

"自然"是自然而然的意思，不依赖于其他力量，而是自己本身就这样，这便是老子理想中的存在方式。当百姓人人都能对自己有这样的认知，到那时我们便可以说，这算是成功实现了《老子》的政治蓝图。有人认为"皆谓我自然"中的"我"是老子的自称，然而综合前面的"悠兮"和最初的"大上"来考虑，将此处理解为老子的自称并不合适。在尧的时代有着"鼓腹击壤"这一美谈，本章所述的百姓人人都认定自己本来的面貌就是如此自然，这一境况与前者的描述非常相似。有歌记曰，"日出而作，日入而息，凿井而饮，耕田而食。帝力于我何有哉"（《帝王世纪》《十八史略》），同样表达了"天子大人的力量与我等毫无关系"之意。

18. 大道废，有仁义（无用的仁义）

大道废，有仁义；智慧出[*]，有大伪；六亲不和，有孝慈；国家昏乱，有贞臣[*]。

【译文】

当至高无上的真实之"道"呈现出衰败的趋势，人们才会强调仁义、正义等德行的重要性。正因为人民有了智慧，才会有人利用这份聪明智巧来互相伪诈、欺骗。家族出现了纠纷不和，因而能体现出孩子的孝心与父母之爱。国家陷于混乱之时，才能看出谁是忠臣义士。

【解说】

本章是著名的反论之章，出色地表现了其相反相成的辩证法思想。一切仁义、孝慈、忠臣等存于世间的儒教道义，皆是在世间失去了这些真实之物后才体现出的结果。在忠臣孝子层出不穷的至德之世，仁义行于其中，人民皆有仁义且将其认作常识，然而这种平衡已被打破。及至大道废弃、战争四起，人们才慌里慌张地试图以忠义来挽回颓风。由此可见，追求仁义道德等都是次要的，使大道再次兴起才是当务之急。回顾第一章，其中所说的"可道之道"即指仁义、孝慈、忠臣等，而"常道"——永恒不变的真实之道，则与本章中的"大道"所指相同。类似的内容在第三十八章中也有所记载，"故失道而后德，失德而后仁。失仁而后义"。《庄子·天运篇》有记，困于枯泉之底的鱼儿们，口吐泡沫互相湿润以求生存，这样的情景虽然令人感动，但对它们来说，还是在宽广的水域中忘记一切地畅游最为理想。战争时期的确发生过些许闪耀人性光芒的美谈佳话，这诚然是珍贵的，但还是比不过和平世界的平凡生活。《老子》在此建议人们放弃智巧，彻底回归于平凡质朴。

本章与前后章有密切关系。元代的吴澄将三章并作一章。帛书中"大道废"前还有一个"故"字，想来是为了表达连续之意。"大上"的政治指的就是"大道"，它们是相同、相通的。

"仁义"是孟子尤为强调的儒教德行之一，可以说是为了指导人们如何将自身的爱与真诚运用于社会而制定的标准。荀子将下文"大伪"中的"伪"注作刻意的、人为的礼仪，结合前文的"仁义"来看这样解释似乎是说得通的，但考虑到与"智巧"间的关联，还是"虚伪"之意更贴切一些。智巧与欲望是紧密结合在一起的，欲望使人贪婪，进而迫使人学会投机取巧，从而为更大的虚伪铺路。底本中将其记作"慧智"，本章依据各版诸本对其进行了微调。

"六亲"指的是父子、兄弟、夫妻间的关系，在这里泛指家族内的近亲关系。"贞臣"一般写作"忠臣"，底本中也是如此记载，"国家昏乱，有忠臣"一句可谓相当有名，只是不光是底本原文如此，范应元本、王弼本、傅奕本与帛书甲乙本通通记载的是"贞臣"，所以可以确定原文本来就是如此。"贞臣"与"忠臣"一样，都是表示忠心耿耿的正直臣子之意。

19. 绝圣弃智（回归朴素）

绝圣弃智，民利百倍；绝仁弃义，民复孝慈；绝巧弃利，盗贼无有。

此三者，以为文不足，故令有所属。

见素抱朴，少私寡欲，绝学无忧 *。

【译文】

若能抛弃聪明智巧，就不会有高低上下的分别心，对百姓来说只会是百益而无一害；若能摒弃仁爱和正义那一套，人民便可恢复孝慈的天性；杜绝巧诈与一切便利贵重之物，天下也就不会有盗贼了。

上文提到的圣智、仁义、巧利，仅以这三条来作为治理社会的条文法则是远远不够的，因此文章接下来讲述了更接近本质的内容。

以不加修饰的坦荡之心面对外界，守护好自己如同未经雕琢的原木一般纯朴的内心，抑制住自私自利的念头，减少乱七八糟的私欲杂念，抛弃从外界学来的浮文礼法，如此才能根绝踌躇与烦恼啊。

【解说】

本章与前章同样将仁义与智慧列为次等的追求，而且训诫人们要彻底舍弃。指教的受众是人民，因而这很明显是从政治立场出发的言论与主张。若是作为当权者的君主们自己能够做到绝圣弃智、绝仁弃义，那么一定能够引领世界的潮流。世间高度赞誉智者与道德家，热衷于以精巧的技术制作而成的便利之物；若能将这一切推翻，人们的生活该会是多么轻松愉快啊。从这里可以看到一些真实存在的东西，就是在明确地表示出对文明的批判，人类所构建出的文化和文明反而束缚着人们，使他们堕落。这一现象在现代尤为严重。重视且严守自身质朴的本性，不要放纵个人的任性与欲望，这对现今来讲也是相当必要的。

"绝圣弃智"的"圣"，并不是指老子理想中的得道圣人之形象，这里所指的是世俗意义上过人拔群的学识、智巧。

此处的"孝慈"与上一章中"六亲不和"看似互相矛盾，实际上不是这样的。之前它是作为题目的用语，这里指的是并未意识到孝慈本身的实质。当然，话虽如此，此章前段中所提到的"民利""盗贼"等用语，似乎也是针对世俗的关注而写的。

"绝巧弃利"中的"利"可以看作是"功利、利益"的意思，但考虑到与"巧"的联系，还是将其理解为"便利的事物"这一常见解释更为合适。至于"盗贼无有"，第三章中也说到过了，"不贵难得之货，使民不为盗"。

"此三者"之后这段是比较难以理解的，也有很多异说。对此，因为王弼的注解是自其产生之后就流传比较广泛的，所以此处也是遵从王弼的注解。前文所提的圣智、仁义与巧利三者，主要讲的是面对社会而带出的效果，正因为说辞很浅显易懂，单以此治理社会是远远不足的，所以在"以为文不足"之后的下文中讲述了更加本质性的内容。

"绝学无忧"这一句原本是下一章的开头之句，此处遵从武内博士的说法，将其加在本章文末。虽然在这一章中并不存在，但这句话的整体语意与本章的连续性更为紧密。"见素抱朴"这三句被认为是对文章开头"绝圣弃智"的回应，"见素抱朴"之句对应的是"绝仁弃义"，"少私寡欲"则对应的是"绝巧弃利"。另，高亨对此有所注解，认为"忧"与"朴""欲"皆是押韵的。

20. 唯之与阿，相去几何（孤独之歌）

（绝学无忧。）唯之与阿，相去几何？美之与恶*，相去何若？人之所畏，不可不畏。荒兮其未央哉。

众人熙熙，如享太牢，如春登台。我独泊兮其未兆，如婴儿之未孩。傫傫兮若无所归。众人皆有余，而我独若遗。我愚人之心也哉，沌沌兮。

俗人昭昭，我独昏昏[*]。俗人察察，我独闷闷。澹兮其若海，飂兮若无止。众人皆有以，而我独顽似鄙。我独异于人，而贵食母。

【译文】

——如果完全放弃了学习，那么思想上也就不会有烦恼了。——被回答"唯"与"阿"（注：唯，恭敬地答应，是晚辈对长辈的回答方式；阿，怠慢地答应，是长辈对晚辈的回答方式。二字意指应诺与呵斥），究竟差距有多大？所谓的美好与丑陋，又究竟相差多少？面对人们畏惧之物，我等也不得不畏惧。这风气自远古以来便是如此，像广漠一般遥远又没有尽头。

放眼望去，世间众人皆兴高采烈、熙熙攘攘，像是要去参加盛大的宴席，又如同春日里登上高台眺望美景。只有我是独身一人，沉静淡泊，对一切皆无动于衷，如同还不会发出嬉笑声的婴儿。只有我一人疲倦闲散，像是没有归处。世间众人不论是谁都有所富余，只有我一人仿佛失去一切一般一无所有。我真是拥有一颗愚人之心啊，蒙昧又愚钝。

世俗的众人皆光芒四射，只有我黯淡茫然；世间众人都那么聪明伶俐，唯独我质朴蒙昧。像大海一般辽远广阔，像呼啸不止的风一般不作停留。世人都各司其职，各有本领，独我一人愚昧而笨拙。我与人不同的关键在于，得到了生育天地之母——万物根本之"道"，且以守道为贵。

【解说】

本章中频频出现的"我"，即老子自身的代称，这是老子自身的深刻独白，是美丽的无调之歌。全篇有很多押韵之处，因此本章可以说是一篇诗歌。

从中流淌着的并非只有深刻的忧愁，还包含着一股高贵的慷慨之气。文章中展现了世俗与自身之间的尖锐对立。他形容世人兴高采烈、灵巧又伶俐，形容自身则是愚钝笨拙、一无是处，乍一看似乎是在自嘲，实则非也。文中包含了对浅薄世俗的强烈批判，以及老子对于能够远离这样的世俗、"而贵食母"地过着真实的生活而产生的孤高的自豪。当然，这与那些自卖自夸的名垂千古之傲绝不一样。文末的"我独异于人"，不单是表现自己与难以填补的世俗相距甚远，同时也传达着世人皆醉我独醒的深刻忧愁之情。只要还生存于这世间，就必须要遵从社会的要求，即便做到"人之所畏，不可不畏"，也是看不到尽头一般没完没了。以万物之母——真实之"道"——来填满人们满足的明朗笑容背后的空洞，这样的一天究竟何时能到来呢？

"绝学无忧"在当时是相当令人震惊的言论，这一句的意思在前一章已经解释过了。与下文连起来看的话就会明白，能够清晰明辨"唯"和"阿"、奢华美物与粗劣丑陋之物，即"学"所指的内容。第二章中说过这样的分别心是不靠谱、不可取的，第四十八章也有记云"为学日益，为道日损"，训诫人们要警惕，不要随着外在的经验、知识越来越多，而与世间事物的本质越来越远。

原文在底本中是写作"善之与恶"的，此处则依据帛书记为"美之与恶"。

"太牢"指的是祭祀中牛、猪、羊等祭祀用品齐备，在此比喻盛大的宴席。"如春登台"的字面意思是在春天里登台眺望，此处也包含了对这类上流社会的奢侈享乐行为的强烈批判。

"泊兮"的"泊"是淡泊、恬静的意思。

"傫傫"是指疲倦、没有精神气的样子，与形容孔子流浪时的悲惨情景，与"累累若丧家之犬"（《史记》）是同一个意思。

"沌沌兮"是指混沌、不清楚的状态，在这里是无知愚钝的意思。"沌"也通"钝"，即是在为"我愚人之心也哉"的"愚人之心"做更进一步的详解。马叙伦对此处的句法表示质疑，认为此句应当移至"如婴儿之未孩"一句之前，然而由于帛书中并非如此排序，此处便也就与它保持一致了。

"俗人昭昭，我独昏昏"这一句，是大肆宣扬自身能力的俗人与对自身所能缄口不言、沉溺于黑暗中的自己之间的对比，即之前所提的"和光同尘"（第四章）。底本中记载的是"我独若昏"，王弼本则似为原本，就是"昏昏"。考虑到与"闷闷"的对照，还是如此显得更为齐整。"俗人察察"是说世人善于仔细斟酌、分析之事，主要是说人民耳聪目明、伶牙俐齿。"闷闷"则与其相反，与"昏昏"语意相近。

"澹"是水的摇动之姿，"飂"则是指疾风。此处是以水波摇动与风吹不止来形容"昏昏闷闷"的自己。

"而我独顽似鄙"中间的"似"通"以"字，同时也与"而"同义。帛书中记载的是"以"字，也有文献记录的是"且"字。

将"食母"注解为"被母食"的文章皆是源自于海保青陵的《国字解》。在《老子》中，"母"指的是一切根本的始源。将自己置身其中、随其而动，便可称之为得"道"之人。由于在《礼记·内则篇》将此注为"乳母"，所以很多人将其理解为"食母为贵"。

21. 孔德之容（"道"的体验 4）

孔德之容，惟道是从。道之为物，惟恍惟惚。恍兮惚兮[*]，其中有物；惚兮恍兮，其中有象。窈兮冥兮，其中有精。其精甚真，其中有信。

自今及古，其名不去，以阅众甫。吾何以知众甫之然哉＊？

以此。

【译文】

所有伟大的有"德"之人都是矢志不渝地遵从于"道"的。"道"这个东西实在是很模糊，难得其要领。它没有明确的固定实物，然而却确确实实地存在着；虽然无法切实捕捉到它的身影，但在那朦胧之中又确实有着形象。在那深不可测的暗昧当中，却活动着最细微的灵妙精气；这份精气十分纯粹，且这份纯粹是真实可信的。

从当今追溯到遥远的古代，"道"的名号是不会消失的；而且唯有以"道"之名，才能得以观察万物产生之始源。若问为什么我能知晓万事万物的始源，皆是由此"道"而得知的。

【解说】

本章作为阐述"道"的章节，与第十四章的关联尤为深厚。此章讲述了如何挖掘存在于冥想意念深处的朦胧之物，这可以说是一种相当神秘的体验。这无形之物确确实实地存在于这一片废墟的世界中，缓慢地浮现出模糊的模样，终将从中孕育出生机勃勃的精气。它纯粹，又有真切的手感，这便是"道"，只有处于这种忘我的陶醉状态之中才能够初尝"道"的真谛。而通过体验得出真知这一环，我们将其称之为"德"。

"孔德"即大德。"德"与"得"相同，指的是掌握并托身于其之物。这既是能力，也可视作因其出现而带来的恩惠，亦可以理解为效果的意思。老子所谓的德与儒教之德不同，被称为根源之"道"的体得之路。第三十八章有"上德不德"，这个"上德"与本章的"孔德"极为相近。

"恍兮惚兮，其中有物"这一句在底本中原是置于下一句之后的，与本章顺序相逆，此处是依据河上公本与帛书修改而成。从注释上来考虑的话，似乎王弼本的原意也是如此。"其中有物"的"物"作为描述的主体，实则指的是无形之物。

"精"指的是精气，它是作为能量起源的精华之物，词义也从精白米转变为精粹之意，表现出了"道"的活力。《庄子·在宥篇》也有记云："至道之精，窈窈冥冥。"

一般我们习惯说的是"从古至今"，然而帛书甲乙本与古时的王弼本均记载的是"自今及古"。高亨说，"道"这个称谓是老子所创，它出色地对应了自古以来便存在着的"道"的实质，因此帛书的版本要更胜一筹。接下来的"其名不去"是说"道"的实质内容是自远古以来便以此方式存在的，人为冠上的"道"之名，在现代也仍然适用，不会轻易消散。由于"从古至今"这个说法理解起来更容易一些，后人便将文章改写成这样。只是这样一来，反而使得原文整体更难理解了。

由于"以阅众甫"的"众甫"也可以写作"众父",导致一些人认为它是族长、父老之意。这个说法并不完全准确,对"甫"真正正确的注解应当参照王弼本与河上公本:"父"与"甫"字是相通的。"阅"是领导之意,在这里指的是从根本上体察、统管万物的始源。

在底本中,"众甫之然哉"的"然"是写作"状"的,此处欲与第五十四章、第五十七章保持同样的句法,因而没有遵从底本,将其记作"众甫之然"。在帛书的甲乙本中也均是记作"然"的。

与本书顺序不同,在帛书中此章之后紧接的是第二十四章。从内容上来讲,这两章有着极其密切的关联,所以与当今诸本比起来,还是帛书的排序更为准确。因此,本书选择遵循帛书的排序。

22. 企者不立（旧第二十四章）（多余的行为）

企者不立,跨者不行。自见者不明,自是者不彰。自伐者无功,自矜者不长。其在道也,曰余食赘行。物或恶之,故有道者不处。

【译文】

踮起脚尖想要站得高一些,这样是无法长时间站立的;迈大步欲求快速前进，这样反而无法远行。夸显自身才能的人反而无法得到他人的认同，自以为是的人往往无法证明其正确性。到处炫耀自己的自满之人建立不起功勋，仗恃才能而妄自尊大之人注定无法稳定长存。

从无为自然之"道"的角度来看，以上所述这些行为，从根本上来说就像多余的食物与多余的行为。谁都不喜欢残羹剩饭和多此一举，因此所有得"道"之人决不会这么做。

【解说】

哪怕只有些许的效果，为了看得更远也要踮起脚尖，迈开大步只为能些早些到达目的地。人们喜欢这么勉强自己，但这样的日子并非能够一直延续下去。逼迫自己、推销自己，这样的行为不仅毫无效果，反而可以说是自掘坟墓。迫使自己承担自己承担不了的职责，大力宣传自己或是出人头地，老子认为这样的现代风潮是不必要且多余的。这与真实之"道"实在是相距甚远，是非常令人厌恶的事情，得"道"之人是不屑于这么做的。他们会削去自己身上多余的赘肉，使自身回归朴素的状态。将此章与下一章结合起来阅读的话则能更清楚地理解其宗旨。

根据河上公的说法，"自见者"应当解作"只重视自己的人"，心里眼里都只有自己的世界。虽然如此解释也很通畅，但结合上下文关系来看还是将其理解为展现、炫耀之意最为妥帖。

"赘行"的"行"与"形"字是相互通用的,意思是"多余的形体",也就是王弼所注的"肬赘"(奚侗观点)。这也是一种被认可的说法,或像本章这样直接用"行"解释也是行得通的。

"物或"的"物"是指包含人类在内的世间万物。张松如将此注解为鬼神之事,认为这与《易经》中的"鬼神害盈而福谦"主旨一致,这可以算得上是一桩小趣事。另,此句在第三十一章中也有重复出现。

"有道者"在第七十七章中也有提到,与"圣人"相近,是"为道"(第四十八章)并寄自身于其中的得"道"之人。

23. 曲则全(旧第二十二章)(不争之德2)

曲则全,枉则直,洼则盈,敝则新。少则得,多则惑。是以圣人抱一,为天下式。

不自见故明,不自是故彰。不自伐故有功,不自矜故长。

夫唯不争,故天下莫能与之争。古之所谓曲则全者,岂虚言哉?诚全而归之。

【译文】

使自身看上去如同歪七扭八的树木，一般派不上用场，如此一来才可以保全自身。只有像虫子一样弯曲着身子，才能在之后伸直伸长。只有像凹陷的洼地一样，才能够做到大量地积累；如果像陈年的衣服一般破旧，反而能迎来焕然一新之日。

这正是：对待万物要谨慎、自制，如此往往能够达到目的；贪心不足蛇吞象，这类人往往欲速则不达，结果都会迷失自我。因此，圣人不多把注意力花在琐事上，以坚守唯一的"道"作为天下事理之范式。

不去显摆、卖弄之人，反能显出其才能所在；凡事从不自以为是，万事往往是非彰明；从不以自己的"当年勇"而自鸣得意，因此他能够取得成功；正因为他不妄自尊大，也不对自己的才能夸夸其谈，所以能够永久长存。

说到底，一切皆是因为他独立于世且不与人争，所以全天下无人会与他争。由此可见，古人说的"委屈即能保全"并非一纸空言，诚然是只有这样保全自己，才能够以完整之身回归到那诞生的本源中去。

【解说】

前章中说到人们会在人前大力推销、宣传自己，本章讲的圣人与此相反，无论是被人贬低还是遭遇冷眼，他都会将不争之德贯穿于自身的生活，反而最终成为不败的胜利者。"不争之德"早在第八章中就提到过，其舍弃刚强、维护柔弱之意与本章的内容有着紧密的关联，因此可以说这是老子的处事态度中非常核心且重要的一点。此处将胜负之事进行反转，提出了一个截然不同的理论，认为置身其中并忍受污蔑或屈辱的过程，实际上是通往终极胜利的必经之路，但要自己主动投入到污辱之中无疑是一桩难事，而且需要极大的勇气。

凡人总是无论如何都想要夸耀自己的才能，这并不是消极的胆小鬼能够做出来的举动。此处是指世间之人皆应以"抱一的圣人"为楷模之意。

"曲则全"的内容在《庄子·人间世篇》中也有记载，讲的是只有弯弯曲曲的不材之木才能够长寿，因为笔直的良好木材会被早早盯上砍伐下来拿去使用。此处强调的是"树大招风"的反面，即所谓的曲全之道。由下文的"古之所谓"不难看出这是一句古话。由于它与接下来的三句在句法、句意上均有紧密关联，我们便将这四句合在一起作为古话来考虑。"少则得"与"多则惑"这两句稍有不同，因此我们可以将"曲则全"视作开头四句古话的总结、摘要。

第十章中也提到过"抱一"。与上文的"少则得"相对应，此处明示了"一"即是"道"。"式"是法式、法则的意思。

　　"不自见"以下的内容均是在描述圣人的存在方式，算是小小地重温了一下前一章的内容。

　　"虚言"是空话的意思，意指毫无根据的荒谬之论。

24. 希言自然（旧第二十三章）（于"沉默"之劝诫）

　　希言自然。故飘风不终朝，骤雨不终日。孰为此者？天地。天地尚不能久，而况于人乎。

　　故从事于道者，同于道*；德者，同于德；失者，同于失。同于道者，道亦乐得之；同于德者，德亦乐得之；同于失者，失亦乐得之。

　　信不足，焉有不信。

【译文】

　　听不见的语言——"不言"——正是自然应有的理想状态。

　　因此，喧嚣的风暴刮不了半日便会停止，令人心生厌烦的暴雨也下不了一整天。若要问是谁在驱使狂风暴雨，答案就是天地。天地尚且不能使某物长存，更何况一介渺小的人类呢？喧哗张扬、喋喋不休，这等不自然之事还是早日停止为好。

　　所以，举止遵从于"道"之人即可视为与"道"合一，遵从于"德"之人即可视为与"德"合一。礼仪之人与其相距甚远，遵守仁义与礼却失"德"，无须多加解释。与"道"合一的人，"道"也很乐于接受他；与"德"合一的人，"德"亦很乐于接受他；与"失德"合一的人，"失德"也很愿意接纳他。

若是废话连篇、诚信不足，便无法得到对方的信赖，更不会被人民所接受。

【解说】

作为对"道"的说明，早在第十四章就有文称"听之不闻，名曰希"，"希言"指的便是"无言之言"。即便什么都不说，也能够在无言之中将一切娓娓道来；这无声的语言与凡人的生活、行为皆大不相同，被称为真实之"道"，令人们以此为楷模是非常有必要的。与其将"希（稀）言"注为少言寡语，不如说它其实是"不言"之意。在所谓的"不言"之章中也提到过"不言之教""无为之益"等（第二章、第四十三章）。

普遍来说，人们的辞令间均洋溢着自以为是，所以保持沉默反而是勇气的体现。越是多话就越会远离自己本应有的自然存在状态，而远离了真实的人很快便会被众人所抛弃。语言是什么呢？第一章中写道"名可名，非常名"，若它是可以用言辞来形容的，则说明它不是真实不变的常名，由此可见，老子对词语、辞令怀有极强的怀疑与不信任感。

"故从事于道者"之下的这一段话是比较难理解的。行为举止所遵从的规则以"道"或"德"作为对象，但不需要使用语言作为媒介，有人出于文章整体的连续性而对这一说法表示赞同，但也有可能是文章本身便存在着些许错误。在底本中，"从事于道者"之后还另有"道者"二字，与下文的"德者""失者"对应很工整，这一说法似乎到现在也不显落伍，但《淮南子·道应篇》与帛书甲乙本都没有记录"道者"二字。也有人认为"德者"与"失者"之句中都各自省略了"从事于"三字（俞樾之说）。将"失"解作"失德"的说法是从第三十八章中"失道而后德，失德而后仁"以及义与礼等为源头这一理论中衍生出来的。

"信不足，焉有不信"这两句在之前的第十七章中已经出现过，当时笔者便觉得与前文的衔接不是非常好，在这里更感觉非常突兀。帛书甲乙本中就都没有记录这句话。虽然笔者也觉得在此应该将它们除去，但姑且还是如此继续进行解释。

25. 有物混成（"道"的姿态 1）

有物混成，先天地生。寂兮寥兮，独立不改，周行而不殆。可以为天下之母。吾不知其名，字之曰道。强为之名曰大。大曰逝，逝曰远，远曰反。

故道大，天大，地大，王亦大。域中有四大，而王居其一。人法地，地法天，天法道，道法自然。

【译文】

有一个东西浑然而成、结为一体，在天地形成以前就已存在。

它静寂无声，朦胧不动，没有形体，不求任何依靠地独立于世且永恒长存，循环运行而永不衰竭，因此可以称之为孕育世间万物的母亲。

我不知道它真正的名字是什么，所以勉强把它称为"道"，再勉强给它起个名字叫作"大"。它广大无边且运行不息，正因为它运行不息，所以可以延伸至天涯海角，在伸展得遥远之后又返回本源。

所以说"道"大、天大、地大、王大。也就是说宇宙间有四大，而王占据其中之一。

人遵循大地的法则，大地遵循天的法则，天遵循"道"的法则，而"道"则遵循自然的法则。

【解说】

此章的重点是描述万物根本之始源的"道"，与第四章和刚才的第二十一章关系紧密。

"混成"即浑然而成的意思，指的是包容世间万物并将其合为一体。若是注重其混乱这一层意思，进而将其理解为处于混乱状态的"道"，如此考虑便不是很好。它是非常难以捉摸的。《校释》中引用罗运贤的说法，认为"不殆"的"殆"可以视作为"佁"的通假字，与"周行"的循环运作之意极其吻合，通常也会被读作"不危"。

"天下之母"一句在帛书甲乙本中均记载如是，傅奕本与范式本等也是如此。由于它在第五十二章中出现过（帛书中亦记载为"天下"），此处便也遵从底本将其维持原状。

"大曰逝"以下三句，可以说是用诗一般的梦幻语言描述刚才被称为"周行不殆"的"道"的巨大作用。从之前所提到的"行进至很遥远的地方又再度回来"，不难看出这是老子一派的复归思想。第十六章中也有记载，"万物并作，吾以观复"。

"四大"指的是道、天、地和王。印度人将地、水、火、风认作四大，这与中国木、火、土、金、水的五行思想相应一致。这"四大"是老子独有的学说，以"而王居其一"来强调王的存在与重要性更是极有特色。虽说此言展现出了老子立足于现实的一面，但这里所说的"王"指的是作为理想之人的模范代表，亲身得了真实之"道"的王，这一点是毋庸置疑的。

"人法地"以下三句与最后的"道法自然"理解起来都比

较困难。本来"道"就已经是《老子》中至高无上的究极模范了，竟然还有比它更胜一筹的"自然"的存在，这一点是很令人费解的。对此，自唐代起就有少数人认为其整体的主语是"人"，应该将其读作"人法地即为地，法天即为天，法道即为道，然后要法自然"，但这是无视了古文句法的不自然的读法，实属不佳。从修辞上来看，此处从人到自然分出了五个等级，从意义上来看则是分成了人、天地、"道"与自然这三个阶段，因此"道法自然"的意思即"道"的存在状态是纯朴自然的，且其本来就是如此。此章不仅描述了"天地之母"——"道"的存在方式，还告诉我们天地也好、人也好，大家皆是遵循着这样的条例运作着的，且正因如此，才诞生了"四大"这么一说。

26. 重为轻根（劝诫之轻举妄动篇）

重为轻根，静为躁君。

是以君子*，终日行，不离辎重。虽有荣观④，燕处超然。奈何万乘之主，而以身轻天下？

轻则失本，躁则失君。

【译文】

沉郁厚重之物是肤浅轻浮之物的根本，平静安定之物是纷杂躁动之物的主宰。

在人生旅途中，君子始终把注意力放在根本上，所以即便生活在华丽又肃穆的宫殿当中，也能像在自己家一样安然处之。更何况身为大国的君主，又何必以轻率躁动来治理天下呢？

若草率地做出轻浮之举便会失去根本，急躁妄动就会失去作为君主的立场。

【解说】

本章讲的是，只有静下心来，沉着稳重地扎根成长之人才能成为最终的赢家，得以统治天下。敏捷机智的反应与华丽张扬的举动或许能博得一时的人气，然而这终究不是长久之计。第十六章中的"致虚极，守静笃"亦是阐明了相同的观点。将一己之身稳稳地置于深邃的静谧之中，这可以说是老子的理想，也可视作是对于轻举妄动的训诫。此章开头的两句与结尾的两句相互对应，连续性极佳，中间的一段则是作为说明文而后加上去的。

底本中所记录的是"圣人"，本章遵从帛书在此记为"君子"。在《韩非子》的引用中也是写作"君子"的，奚侗将其注解为"卿、大夫、士"，与下文的"万乘之主"对应良好。"荣观"的"荣"是荣华之意，"观"则指的是楼台、高台，意指华丽宫殿内的奢侈生活。"燕处"是能使人放松休息的安居之地。

"而以身轻天下"一句读起来略显拗口，它与第十三章中的"故贵以身为天下"一句的句法很是相似，我们可以作此理解。也有一些书在"天下"之前有"於"或"于"字（《群书治要》《韩非子》）。人们应当意识到自己的身体比世间一切都要贵重，所以应该慎重行事。

27. 善行无辙迹（自然的举止）

善行无辙迹。善言无瑕谪。善数不用筹策*。善闭无关楗，而不可开。善结无绳约，而不可解。

是以圣人，常善救人，故无弃人；常善救物，故无弃物。是谓袭明。故善人者，不善人之师；不善人者，善人之资。不贵其师，不爱其资，虽智大迷。是谓要妙。

【译文】

出色的前进方式，是不会留下车轮或人的足迹的。善于言谈的，其言论中是没有过失或病疵的。善于计数之人不需要借助计算器具，这一切都是毫不做作的自然做法。善于关门闭户之人，即便不用门闩栓锁，别人也无法打开。善于捆缚之人，不用纽结绳索，他人也无法松解。

　　圣人不被表面的形式所迷惑，因此总能以最完美、周到的方式对人们施教，不论怎样无用的人都不会被忽略或放弃；由于善于物尽其用，所以不论怎样的物件都不会被浪费、废弃。如此行事之人实则称得上明智。

　　所以说，善人可以作为不善之人的模范之师，而不善之人则可以作为善人的借鉴，为他们的自我反省助一臂之力。然而若是不尊敬自己的老师，不珍惜有助于借鉴的事物，这样的人即便学识再渊博，终究无法避免深陷于迷茫之中。这是一种精妙深奥的真理。

【解说】

　　"善行无辙迹。善言无瑕谪……"无为自然，不留痕迹，以这样的方式为贵，便是开头这一段的主旨。"孔德之容"——具备伟大德行之人，其言行举止皆是彻底遵从"道"的，其立场与本章是一致的。《庄子·胠箧篇》中写道，若是认为在箱子上用了锁便可以高枕无忧，那么小偷便会将箱子一起盗走。意思是说，依赖于有形之物则终将会为其形所困，甚至被其回击，可以说这是相对应的事实往返。若是以"道"为基准的自然行径，那么其有形、无形皆没有什么不同。王弼对此注解为，"遵从事物最原始的本性，不以自己的理解或基准来制约万物"，这么说就比较容易理解了。

　　"善数不用筹策"在底本的记录中是没有"用"字的，本章依据帛书及其他版本的文献将"用"字补了上去。"筹策"是古代人们用来计数的竹棒。

　　"关楗"是用来关门锁户的物件。古代家室的门有"关"（即栓），是一根横卡住的木条；"楗"（即梢）则是与"关"相接的一根竖着的木棒。"楗"本身也有"钥匙"的意思，此处可将其理解为锁定之意。

　　"是以圣人"以下的半段，强调了圣人不会区别人或物的善恶，因此与前段内容之间的连续性并非很好。换句话说，此处讲述的是不被形状与形式束缚的自然无为的存在方式。或许将本章分为几部分来考量更为妥当。

　　关于"袭明"的解释有着不少异说。太田晴轩将其读作"袭（入）明"，意指与明智的理想保持一致的步调；也有人认为应当读作"袭（重）明"，虽说将其理解为在明智的状态下得出明智的方案与见解也还算通顺，此处还是依据奚侗的说法，将"袭"解作因其原因之意。此处的"明"与第十六章中"知常曰明"的"明"是相同的。

　　"故善人者，不善人之师"这一句令人想到了《论语·述而篇》中的内容："三人行，必有我师焉；择其善者而从之，其不善者而改之。"相较之下，《老子》中的内容则要更为深厚，表明了旨在消除"善"与"不善"等形名上的差异这么一种思想和立场。

"要妙"和"窈妙"相同，均是用于描述微妙深奥之物，意在展现被隐藏的真理。

28. 知其雄，守其雌（返璞归真之路）

知其雄，守其雌，为天下溪。为天下溪，常德不离，复归于婴儿。

知其白，守其黑，为天下式。为天下式，常德不忒，复归于无极。

知其荣，守其辱，为天下谷。为天下谷，常德乃足，复归于朴。

朴散，则为器，圣人用之，则为官长。故大制不割。

【译文】

既明白雄性刚强立场的功效与作用，也能够安守女性软弱柔静的地位，如此才能将世间万物像汇集于沟溪一般齐聚一处。若能甘愿作为天下的溪涧，那么便不会与永恒不变的真实之"德"产生间隙，进而可以再度回复到婴儿般单纯的状态。

在了解了明亮、光明的价值与重要性之后，却甘愿置身于混沌暗昧之中，如此便会成为世间万物所遵循的楷模。如果成为了世界的楷模，便意味着与永恒不变的真实之"德"相差无几，甚至可以说是与其毫无差池，因此才能够恢复至无边无际、不可穷极的真实状态。

深知何为辉煌与荣耀，却能安然处于最为卑下的屈辱之地，如此即能成为聚集世间万物的川谷一般的存在，也只有这样，才能使自身充满永恒不变的真实之"德"，再度恢复到自然本初的那种朴素、纯真的状态中去。

如果将本初纯朴的素材拆分开来，便能得到各式各样的"道具"。圣人能够为这些"道具"一般的人才找到最合适的用武之地，令他们成为官吏们的楷模一般的领头之人。所以说要想实现真正优秀且完善的政治，其重点是将一切保持住其素朴的原样，而不是以它被仔细琐碎地分割之后得出的产物作为楷模。

【解说】

以依靠世俗标准的强大与聪明而迈向充满荣华光耀之路，这本身就是一种极为随波逐流的表现。出人头地、成为他人的目标是一件极具危险性的事情，敢于直面这一问题，并在此基础之上从不追求引人注目，甚至反而以软弱柔静的步伐缓缓行走于污辱之道，这样才称得上是真正的胜利者。若要问为什么，这是因为他甘愿行于污浊之中的那种柔软步伐才是使人恢复本初的复归之步。本章所记的复归之处有三，如"婴儿"一般的无瑕、纯粹（参照第十章、第二十章），"无极"一般迷茫又广无边际的世界，以及素朴的本质（参照第十五章、第十九章），实际上是在说如此行动均约等于是在接近真实之"道"的立场。

本章的"常德"与第一章的"常道"相互呼应，道出它们从根本上与永恒唯一之"道"联系匪浅，并描述了从中显现出的永恒不变之"德"。

从"守其黑"到"知其荣"，这六句是作为附加文后添上去的，因此应当将其从原文中除去；但由于易顺鼎、马叙伦、高亨等大家皆认可这一说法，导致这成为了一类有理据的主张。主要原因是因为在《庄子·天下篇》的引用中并未出现与此六句相似的内容，且在《老子》的记录中，"白"原本就是与"辱"对应的（第四十章[旧第四十一章]"大白若辱"），因此理由十分充分。虽说在帛书乙本中收录了黑白相对的六句，但在那之前已有过白辱相对之句，且没有荣辱相对的内容。大概在古时的旧形式中是记为"知其白，守其辱，为天下谷"，而没有中间那六句的吧。

"则为官长"一句中的"为"可以理解为"成为"之意，有人认为此句的主语是圣人自身，然而如此一来便显得圣人的品格有所下降。从其他章的例子来看，这里说的是培育有为的人才并使他们各司其职，圣人自身则是作为无为的统治者之意。

"大制不割"这一句与第四十章的"大方无隅"极为相似，因此可以视为是同一类引用语。有些文书中记载的是"大制无割"，此处则是遵从底本与河上公本，采用了"不"字。

29. 将欲取天下（于"无为"之劝诫）

将欲取天下而为之，吾见其不得已。天下神器，不可为也，不可执也 *。为者败之，执者失之。

凡物或行或随 *，或嘘或吹，或强或羸，或培或隳 *。是以圣人去甚，去奢，去泰。

【译文】

为了将世界纳入自己的麾下而凭借强力的手段全力推行，我很明白这样是不可能达到目的的。世界是一个神圣而又不可思议的容器，我们无法对其强行做些什么，更无法将其牢牢攥在手心当中。如果想要强行施压则反而会损坏或加害于它，换而言之，如果非要拿捏它或把持它，则反而会失去它。

世间的事物是多种多样的，有的事物在前，有的随行在后，有宽松和缓，就会有激烈与突然，有刚强则一定会有羸弱，有成长之物，就会有损坏之物。因此圣人不会偏向任意一方，不行极端过分的奢侈之事，不做出傲慢的态度，只是遵从于自然而行事。

【解说】

在各版文书的记录中都没有收录"不可执也"这一句，在马王堆帛书中也没有相应的记载，现今依据刘师培（《老子斠补》）的说法将其补于原文当中。此处遵循了《文选》中所引用的《文子》章节与王弼的注解等，如此一来，能够大幅改善与下文的对应效果。第六十四章中写道"为者败之，执者失之"，在发表了与本章下文重复的内容之后还提到"是以圣人无为故无败，无执故无失"。

"凡物"一词在底本与河上公本中是记作"故物"的，然而在内容的连续性卜稍显不足。也有唐碑将"凡"字替为"夫"字，此处则是依据傅奕本修改而成。根据王弼的注解，我们可以看出，此处似乎在王弼本中原本就是"凡"字，在帛书中则是没有收录这个字的。

这一段强调了世间万物的存在是非常繁多的，训诫人们不能只固执地拘泥、偏袒于其中一方。第二章中所记载的"有无相生，难易相成……"一段的内容，与本章说的是同一回事。"嘘"指的是轻声地和缓吐气，"吹"则指的是强烈急促的吐息。"或培或隳"的"培"在底本中记作"挫"，而在河上公本中又是记为"载"的，虽说针对其解释存在着许多不同的意见，此处则是遵循了傅奕本的记载与解说。帛书甲本记录的"坏"与乙本中使用的"陪"字也是一样，均是"培"的借字、通字。其代表了栽培、养育之意，与下文的"隳"字对应良好。

30. 以道佐人主者（何谓战争 1）

以道佐人主者，不以兵强天下，其事好还。师之所处，荆棘生焉。大军之后，必有凶年。

善者果而已，不以取强[*]。果而勿矜，果而勿伐，果而勿骄，果而不得已，是谓果而勿强[*]。

物壮则老，是谓不道，不道早已。

【译文】

依照真实之"道"为原则来辅佐君主进行行政治理的人，是不会耀武扬威，更不会企图以武力来统治天下的。如果这样做，是势必要有报应的，只能自食恶果。也就是说，军队过后，土地会荒芜，荆棘丛生，大战过后必会是歉收的荒年。

坚守于"道"的贤人，即便胜券在握也不会张扬，更不会妄自尊大，取得胜利也不会引以为傲、摆出傲慢的姿态。虽然取得了胜利，但也能明白这是必然的事情；也就是说，即便功成名就，也不会居功自傲，不会提出无理的要求，更不会因为胜利而去威逼、胁迫他人。

世间万物皆是如此，一旦过于强大就会走向衰败、腐朽，这就说明它不符合"道"。若不遵从于"道"的规则，便会迅速走向毁灭、死亡。

【解说】

在前一章中已经提到了"天下神器，不可为也"，此章承接了前章的内容，并在此介绍了用兵的极致。有人说过"以武力进行杀戮是下策，以武力拯救、使他人绝地逢生才称得上是上策"（清朝初期的王船山），然而终究还是无法避免使用武力。有时不使用武力是不行的，但即便是在需要使用武力的场合中，过分深追或是依赖于它也是断然不妥、不好的。若是稍有成就便开始作威作福，如此不仅无法阻止侵略的发生，甚至会使事态进一步恶化，使它以伤人自伤这种反弹的形式将可怕的毁灭送还于我们自身，落得这样的下场是必然的结果。难道这不是我们已经经历过的事情吗？"物壮则老""不道早已"，这便是老子的哲学。本章以上述内容作为立足点，是在此基础之上发展出来的关于战争的说法。

"师之所处"的"师"指的是军队。下文的"大军之后……"

两句是没有收录于帛书之中的，武内义雄博士认为也应当将此二句除去。

在许多不同版本的文献中，"善者果而已"之前还有一个"故"字。添上"故"字之后能使其与前段内容的衔接更显连贯，但即便不加上这个字，原文的语意也仍然是通顺的。针对"果"的意义存在着许多异说，有的说是果敢，有人认为是成功、达到获胜目的的意思，还有说法认为其代表了诚信之意，等等。此处依据《尔雅》的注释将其解作"果即为胜利"。"不以取强"一句在底本中是记作"不敢以取强"的，此处遵循俞樾的说法，将多出的"敢"字去掉了。帛书中亦没有收录此字。

"是谓果勿强"中的"是谓"二字是参照了帛书与范应元本之后添补上去的。如果没有这两个字，则此句容易因为语序形式相同而与前面四句原文混为一谈；此四句所对应、描绘的是最初的"善者"一句，考虑到与其之间的绑定关系，还是加上"是谓"二字要更为妥当。也有许多不同版本的文书中只添了一个"是"字。

"物壮则老"这三句在之后的第五十五章中重复出现。在第二十四章（旧第二十三章）中所记载的"故飘风不终朝，骤雨不终日"，与本处主旨一致，说的是同样的事。元气过剩与过于优秀张扬的事物，都是很难长存的。

31. 夫兵者不祥之器（何谓战争 2）

夫兵者不祥之器*，物或恶之，故有道者不处。君子居则贵左③，用兵则贵右。

兵者不祥之器，非君子之器。不得已而用之，恬淡为上。胜而不美。而美之者，是乐杀人。夫乐杀人者，则不可以得志于天下矣。

吉事尚左，凶事尚右。偏将军居左，上将军居右，言以丧礼处之。杀人之众，以悲哀泣之，战胜，以丧礼处之。

【译文】

所谓武器，是一种不祥的工具。既然是不祥的工具，自然谁都不会喜欢它。因此，但凡有"道"之人都不会使自己陷于需要用到武器的境况之中。君子在平日居处之中以左边为贵，而用兵打仗时则以右边为贵。

武器是不祥的工具，因此本就不该是君子应当触及之物。若是万不得已，不得不使用武器，最好能够淡然处之，断绝执着之念。即便取得了胜利也决不能因此而沾沾自喜、自鸣得意，否则就是在享受杀人的快感。很明显，凡是以杀人为享乐之人，不可能得志于天下；对他们来说，这是一件无法实现的事情。

一般来说，可喜可贺的吉庆之事均是以左边为上席，凶丧的事情则是以右侧为贵；所以在军队中副将军居于左侧，大将军则居于右侧，这是在说人们应当遵守并以丧礼的礼节来处理、对待用兵之事。如果在战争中被杀害的人数众多，应当怀着深刻的哀痛之心悲泣；即使打了胜仗，也应当以丧仪去对待。

【解说】

从前一章的内容来看，此章发表的还是战争之论。虽说通篇的思想是反对战争，但也并非说战争就毫无用处。文章中坦率地承认，世上的确有着因不得已而需要战争的时候。但是战争只是不得已，若是超越了这一点便成了好战，则应当予以严肃重视与警惕；因为那是通向灭亡的毁灭之路。文章最初的"兵者不祥之器"与文末的"战胜，以丧礼处之"，难道不正是在意味深长地阐明这一点吗？兵书的《三略》亦提到过："夫兵者，不祥之器，非君子之器，天道恶之，不得已而用之。"自唐代起便有人开始强调，认为应当将《老子》一书视作一本兵书；当然，这并不是一本解说战争技术技巧的普通兵书，而是一本论说军事哲学的伟大著作。有人认为这样说有过虑之嫌。然而在战火纷争的战国时代末期，这一篇战争论可以说是根据深邃的哲学观点，对时代进行了尖锐且深刻的反省。

此章究竟是否是老子原创的内容，关于这个问题，自古以来便有人持怀疑态度（王弼对此未有注解）。起因是此章过于直率、具体地探讨了用兵和军事，看上去很像是混入了兵法家所写的内容；文章中反复出现的重复内容，也加深了这种怀疑，例如第二与第三段落的前半部分内容，看上去实则更像是古时对第一段的解说注释，等等。虽说有很多疑问，但由于此章已经被收录至帛书当中，而且其意旨与《老子》一书的整体思想并无违背或冲突，故将其如此保留了下来。

在最一开始的时候，"夫兵者"在各版文书中是记为"夫佳兵者"的，大部分版本中均记有"佳"字。依据王念孙的说法则是将其读作"夫唯兵者"，在当时算得上是很有力的依据，然而在新出的帛书当中却并未收录此字，长久以来的疑问终于算是得以冰释。"物或恶之"两句在第二十二章（旧第二十四章）中也曾出现过，"物"指的是包括人类在内的世间万物。

"君子"是只有在《老子》的通行本中才能够看到的词汇；对于当时在位的贵人们来说，平常只要勤勉于政务，即可在战时担任将校一类的职位。平时（或吉事）以左为贵的说法与日本普遍适用的风俗是相反的，在中国则是由于时代或地域不同，因而究竟以左右哪边为贵的规则亦会产生变化。

"恬淡"一词在《庄子》中或是记为"虚静恬淡"，或是记为"恬淡无为"，其意是指斩断执着的念头与欲望，如此才能使自身维持一种无欲、自然的态度。

"得志于天下矣"与其字面意思相同，指的是完成、实现一统天下的远大志愿。怀抱着与当时的大诸侯们相差无几的欲望、内心中萌发出如此志望，却又奉武力为尊并好以此解决问题，这样简直是大错特错。这是在世俗的立场与观点之下诞生的言论。

32. 道常无名（理想中的政治4）

道常无名。朴虽小，天下莫能臣也。侯王若能守之，万物将自宾。天地相合，以降甘露。民莫之令，而自均。

始制有名。名亦既有，夫亦将知止。知止所以不殆。

譬道之在天下，犹川谷之于江海。

【译文】

真实之"道"自古以来便一直是无名的，从不会将自身以任意名称的形式展露出来，如同质朴的"朴"一般，即便令人想要加工，也找不到下手之处。虽然它极为细小又不可见，但纵观天下，没有谁能够像操控器具那样去操控道，也不可能做到使道归顺于自己。王侯若是能够依照"道"的朴素原则来治理天下，那么天下所有的人皆会发自真心地服从他的统治。当天地间的阴阳之气相合之时，自然会降下恩泽万物的甘露，不需要人们进一步发号施令，天地自然会从内至外显露出统一、和谐的状态。

一旦素朴、混沌之物被加工成型，它就已经被当作器物展露于世，所以就难免被赋予世俗意义上的名称。有了名称，随之而来的便是无穷无尽的差别对待与看待，因此应当有所克制，不要去过分地追求名分。只有知道适可而止，才能够真正做到从危险之中脱身而出。

"道"存在于天地之间，其对于天下的统治，就如同江河大海与一切山间溪水自然而然地归流一样，万物自然宾服于道。

【解说】

"道"的本质永远是无名且质朴的，举例来说，就像是未经加工的木材一般朴素。行政方法效仿"道"的方式，进而治理天下，这便是获得成功的秘诀。只有这样的行政才能够称得上是自然无为的政治，称得上是不加丝毫虚伪修饰的纯朴治理。

在本书的第一章中就已提到过"道"本无名，之所以将其称为"道"，实是因为"吾不知其名"，只好借"道"这个字来勉强地形容它而已（第二十五章）。"天下莫能臣也"一句说的是，在"道"面前，普天下没有谁能够保持如君主一般、使"道"如同臣子一般归服于自己。"朴"原本是指未经人手加工过的天然材料，于此则可明白它是不可能作为器物（臣）一样被人差遣、使用的；换而言之，作为"朴"的"道"才是实际上地位最为崇高的支配者。此处的"莫能臣"三字在帛书乙本中记作"弗敢臣"，说的是没有人能够将道视作臣子一般来思量。

"始制有名"说的是淳朴的材料初次被人为加工的意思，其中的"制"与"大制不割"中的"制"语意是相同的。第二十八章中写道"朴散则为器"，这一句与本章的内容关系匪浅。被加工成道具展露于世间，又被加上相应的世俗名称，即便如此，当此等存在变得愈加鲜明且声势浩大之时，一定要注意不要让自己被这样的纷杂万物吸引，进而放任自己随波逐流；换句话说，能够"知止"亦是取得成功非常关键的因素之一。第四十四章中写到的"知足不辱，知止不殆"也是相同的意思。

"犹川谷之于江海"这一句与上一句之间的语序可谓非常顺畅。我们可以将"川谷"理解为描述的是"道"，"江海"指的是天下；只不过在第六十六章中江海是作为百谷王，"以其善下之——能够接受自己身处于低处的境况——故能为百谷王"，若是从这里出发并对本章做出说明的话，恐怕将"江海"理解为"道"才更为妥帖（蒋锡昌之说）。本章遵从这样的说法；至于语序的误差，我们将其视作人为、故意地采用了倒文的描述手法。

33. 知人者智（修养内在比外表更重要）

知人者智，自知者明。胜人者有力，自胜者强。

知足者富，强行者有志。不失其所者久，死而不亡者寿。

【译文】

能够认识、了解他人的人可以称得上是有智慧的人，而能够对自己有足够的了解和正确的认知之人，才算得上是真正的明智。若是想要胜过他人，那么仅靠有力量这一点便已足够；能够克制自己的弱点、战胜自己，这才是真正的强大。

只有知道满足的人才称得上是真正的富有，坚持并努力不懈以达目的才算是有志之人。不离失自身本来的面貌才能够长久不衰，即便此身已死却早已与真实之"道"融为一体，这才叫作真正的长久不灭。

【解说】

此章可以说是极富《老子》风格的一章，以逆说来将人们引领至深思之境。自身之外的某人若是无所不知、无所不晓，则可称得上是智慧的人，世间之人普遍都是这样想的，但实际上并非如此：真正有智慧的人应当通晓自身，对自己有充分、深入的了解。此处的"明"与第十六章中"知常曰明"的

"明"相同，包含了普遍的"知"，解作明智、明察之意。这里说的并不是张显于外的那类"知"，而是说只有拥有了沉于心中的那份洞察，才可以说是内外兼修，看清一切的有智之士。"自胜者强"说的也是同样的意思，所谓的强大并不是说以刚强的外力作用于他人，而是将锻炼的矛头指向自己的内心，同时还能保持住自己柔弱谦卑的态度，如此才能说是真正的强大。第五十二章中也提到过"守柔（弱）曰强"，说的便是这个道理。

即便是我等凡人也明白"知足"是一件很重要的事，但这其实是一种比较消极的想法，因为我们还是想要努力积攒财富，为此，无论如何都要竭尽全力——正因如此，这说明了我们仍旧处于凡人的心境。真正知道何谓满足是非常有必要的。"强行者有志"中的"强行"，是说心中怀有目标并为此付出努力，然而即便如此，在达成目标的过程中却还是想要不断追求形态、形式上的完美，至死都在手忙脚乱、精疲力尽中度过，这就说明此人还是一个凡人。不论身处何时何地，永远不要去追求所谓的"顶点"，这边是本章想要传达的思想——知道适可而止。文章最末的"死而不亡者寿"可以说是通篇下来最难理解的一句，世间针对这一句也存在着许多异说，此处还是将其理解为，圣人之死展现出了与不灭之"道"合为一体的姿态，这样要显得更为妥当。对此最初的详解是由拙著所提出的"死亡与命运"，此说于1986年才在法藏馆得以首次面世。

究竟什么才是真正的富裕，永恒的生命又是何种姿态，这些是本章希望读者们认真思考的几个问题。

34. 大道泛兮（"道"的姿态2）

大道泛兮，其可左右。万物恃之而生而不辞。功成而不名有*。衣养万物，而不为主。常无欲，可名于小。万物归焉，而不为主，可名于大。是以圣人之能成其大也，以其终不自为大，故能成其大。

【译文】

伟大、真实的"道"就像泛滥溢出的水一样广泛，上下左右无所不到。世间万物的生长皆依赖、仰仗于它，但"道"从不会自吹自擂；即便完成了丰功伟业，"道"也不会想着要去占有这份荣誉。"道"养育万物而不自以为万物之主，因为它能够永远保持住这种无欲的状态，所以我们可以将它称为"小"；即便世间万物皆归属于它，它也不会以万物的主宰自居，所以我们也可以称它为"大"。圣人就算已经达到了伟大的地步，也决不会自以为伟大；且正因为如此，才能够真正做到实现、达成成就。

【解说】

虽然伟大的"道"广泛地支持着世间万物的存在，但它却丝毫不会将此功德据为己有或借此自夸——这才是真正的伟大。伟大的圣人亦是以此为楷模的。

根据王弼的注解，"大道泛兮"说的是"广泛到仿佛泛滥一般，没有它到不了的地方"，由此可见，其与第二十五章中的"周行而不殆"所描述的是同一个意思。"功成而不名有"一句在底本的记录中是没有中间那个"而"字的，此处是依据河上公本与傅奕本补上的；帛书甲本中则收录了此字。由于音韵的关系，"不名有"这部分是经过语序调换的；也有人认为此处应当去掉"名"字，换为"不居"，以显得其句型能与第二章等处的内容更为相似——然而诸本都同本章一样，是如此记录的。由于"衣"和"爱"二字在古代发音很是相近，于是成为了可以互相通用的字，所以在河上公本中"衣养"是写作"爱养"的。由于"常无欲"在文中出现得略显突兀，因此有人主张将这一句直至下文的"而不为主"一段通通拿掉。本书认为此处应当将其视为承接了上文"不辞""不名有"与"不为主"，在此进一步展露其不因自己的成功而骄傲自夸的这么一种无欲之状。

"是以圣人之能成其大也"这十字是在参考了帛书之后补上的，傅奕本中的记载与此大体相同，而底本中是没有这一句的，下文至文末并非是企图以圣人的事作为结尾，而是再一次重复强调了"道"的伟大之处。在第六十三章中也有着"是以圣人"这等类似的语句（虽然语意并不相同），然而在河上公本中又赫然存在关于圣人的记载，由此可见，恐怕帛书是较为老旧的版本。本章相较于帛书或其他版本的现行本有着多处差异，若说语意上有什么大的变化或影响，想来便是此处了。

35. 执大象（"道"的作用3）

执大象，天下往。往而不害，安平大。

乐与饵，过客止。道之出言*，淡乎其无味。视之不足见，听之不足闻，用之不可既。

【译文】

伟大的象——"道"，那是超越了形象的存在——若能够牢牢掌握住它，那么天下万物都会投靠过来。向往道、投靠道却又不会互相妨害或是引起混乱，如此万物都能够平稳安泰地和谐相处。

音乐与丰盛的美食能使过路的旅人不假思索地为其驻足停留，然而用言语来表达"道"时则实在是平淡无味，并不会太惹人注目；即使目不转睛也无法觉察道的存在、竖起耳朵也听不见道的声音，但它的作用却无穷无尽，取之不竭。

【解说】

"伟大的大道之象是无形状的"，这一点在第四十章（旧第四十一章）中也提到过。它是超越了形态的存在，只在恍惚中朦胧现身（第二十一章）。虽然模糊且毫无可把握、捕捉之处，但又有着确确实实的存在感，这便是"道"。单靠用嘴说明是无法完全参透其本质的，因为它看不见、听不到也摸不着；但它的作用却不存在限制一说，取之不尽，用之不竭。本章以体悟了无形之"道"后的口吻描述了它巨大的包容性与无限、无尽的作用。

在各版诸本的记录当中，"安平大"的"大"字是记作"泰"的，因为在古字中"大""太"与"泰"可以互相通用。在底本中，"出言"则写作"出口"二字，记为"道之出口"，此处是依据帛书与傅奕古本修改的。

36. 将欲歙之（倒转思考）

将欲歙之，必固张之；将欲弱之，必固强之；将欲废之，必固兴之；将欲夺之，必固与之。是谓微明。柔弱胜刚强。

鱼不可脱于渊，国之利器，不可以示人。

【译文】

想要缩小、收敛某物，则必先使其扩张至极大的程度才行；想要削弱某物，则必先使其成长、增强；想要废除某物，则必先促成它，使其繁荣；若想夺取某物，则首先必须要把它施舍于人。滚落到坡下是在登上顶端之后必然会发生的事情，所以能够看清前方的人便被称为内藏微妙、微明的明智之人。柔软羸弱反而能够战胜坚硬刚强，这是我们应当参透的一点。

鱼只有身处于深潭才能保全自己，若是离开池渊就无法存活了；为治理国家做出贡献的刑法政教应当教会人们何为韬光养晦、含而不露，万万不可教人轻佻随意地向他人炫耀。

【解说】

这一章同样也是以语言表现出出人意料一面的一章。文章并不是叫人们采取迎面而上的正面进攻法，而是应当通过隐藏于内的招数来取得成功，而这一切则是一个要以独特智慧所特有的作用来带动的过程。这一思想实在是令人非常出乎意料，甚至可以说打破了富有老子风格的一些特有的常识，而且从不同的角度来看，这些手段均带有过于强烈的计谋权术的色彩，不符合老子一直以来所讲究的无为自然。由于在被称为阴谋之书的《周书》中也有着较为相似的内容，所以这种质疑就变得愈加强烈；但是，如果从结合了老子思想与法家政治思想的道法思想这一宗派来看的话，也就可以稍微理解老子思想中关于政治的这一面了。在老子的哲学中，他认为若是到达了最高点，随后而来的就是衰败与毁灭，正如第九章"持而盈之，不如其已"所云，不要期待或追求无论何时都要保持完满的状态，所以说"完成了目标、达成了事业之后就应当适时抽身而退，这才是天之道——所谓的自然之理啊"。第十六章中也点明了"复归"的思想，不论世间万物如何繁茂生长，最终也一定会归复于各自最原本、最初始的本源。此处所提出的"想要削弱需先增强，想要抢夺先要给予"的主张实则是基于对这世界的常理的洞察。若能够想通这一点，即便看到《老子》中存在着的谋略之术等词汇或说法，想必也能够予以理解。

"歙"是收缩、收敛的意思。"固"与"姑"发音相近，因此互相通用，说的是暂且、总之的意思。"微明"的"明"与第十六章中"知常曰明"的"明"相同，均指的是能够洞察永恒不变的常道——绝对秩序——的那份独特的明智。能够同时从感觉、知觉上觉察到这种微妙却深邃的作用与效应，即可被称为"微明"之人。

"柔弱胜刚强"是比较难以一般的世俗条理来理解的一句，虽说是作为"微明"所描述的例子之一来解释，其与文章前后的连贯性实在说不上很好。若与上一句"是谓微明"合在一起看，再结合《韩非子·喻老篇》中所能见到的释文，导致有人认为此章中混入了他文的内容，故应当将其除去（武内博士之说）。但我这里决定不做改动，就遵循其原本的解读。

"国之利器"就如同字面上的意思，指的是在治国过程中做出了突出贡献的人物，承接了上文所述的"微明"，在此展现了明智的作用，或者说是对明智人物的描绘。《庄子·胠箧篇》中不仅引用了"鱼不可脱于渊"以下三句，还写了"彼圣人器，天下之利器也"，因此此处正确的解答应当是指将圣人对等为利器。但在《韩非子·喻老篇》中还写道"赏罚者，邦之利器也"，看来怕是不能只以一人之词做出决断。

那么，想从对方手中夺取某物之时反而要先给予对方，我等凡人究竟能否做出这样大胆的行动呢？果然还是要先放下自身对于欲望的执念，才能够做到这样的事吧。

37. 道常无为（理想中的政治 5）

道常无为，而无不为。侯王若能守之，万物将自化。化而欲作，吾将镇之以无名之朴。无名之朴，夫亦将无欲。不欲以静，天下将自定。

【译文】

真实之"道"不论何时都是无为（顺应自然且无所作为）

的，而所有事却确实在它影响之下顺利地成就。诸侯或王者们若是能够按照"道"的原则来为政治国，那么世间的万事万物都会自然而然地自我化育、各自成长。当自我发展过于欣欣向荣而萌生出傲慢之时，我们应当搬出"无名之朴"——"道"，来镇住它们。无名之朴的"道"自然是不含丝毫欲望的，若能以其真朴的力量来压住各类杂念，世间万物便一定能够自然而然地远离欲念、归于平静，那么全天下也就自然而然可以稳定下来，安定下来。

【解说】

本章提倡以"道"的无为自然来作为治理的样板和基础。若不能顺应自然而妄加干涉，甚至还要搬出各种各样的条例法令来统治人民与国家，只会导致自己受到人民的反对。自然的德化是最为重要的。那么在此基础之上，若有人想要从这自然的秩序当中脱离开来、为所欲为，我们不应以刑罚来要挟他，对其强行管制，而是应该搬出超越世俗之名的无名之"道"，以"道"之朴，将被管理者引导至全身心无欲的境界。这就是以"大道"为模范样板的治理方法。

"万物"在这里是作为统治的对象而出现的，"自然"指的是全天下包括人民在内的一切事物。

若是回顾一下第三十二章中的内容便不难明白，"无名之朴"指的就是大道，即所谓的"道无常名"。在马王堆帛书的版本中，此章最初的两句是并作一句的，写作"道恒无名"；若真如此，则真是与第三十二章如出一辙了。从整体上来看，本章与第三十二章有着不浅的关系。第四十八章中也有"无为而不为"一句，意指一种对于修道者来说最为理想的状态，另，在第五十七章中也能看到被视为圣人之言的内容——"我无为而民自化"。

　　《老子》一书共分为上下两篇，到此前的第三十七章为止算作上篇，从接下来的第三十八章开始便是下篇。而马王堆帛书则是将其分为甲本、乙本，它将第三十七章视作全书的最后一篇，而将接下来的第三十八章算作全书最初的章节。虽然也有一些中国学者认为，这样才是本书在古时最原始的样子，但并未能够提出较为充分的有力证据。当然，帛书毕竟是现存的文书中最为古老的版本，因此并不能完全推翻这一说法的可能性，只是本书在此处还是选择保持原来的样子与顺序。

老子道德经　下篇

38. 上德不德（自以为是的"智慧"）

上德不德，是以有德。下德不失德，是以无德。

上德无为，而无以为。上仁为之[*]，而无以为。上义为之，而有以为。上礼为之，而莫之应，则攘臂而扔之。

故失道而后德，失德而后仁，失仁而后义，失义而后礼。夫礼者，忠信之薄，而乱之首。前识者，道之华，而愚之始。是以大丈夫，处其厚，不居其薄。处其实，不居其华。故去彼取此。

【译文】

具备充分德行之人只是遵循于"道"，并不会意识到自身之"有德"，而正因如此，他才能做到真正的"有德"；不具备充分德行之人为了不失于"道"，就会注意表现外在的德行，因此实际是没有"德"的。

具备充分德行之人一定会坚守"无为"的做法与观念，不搞多余的小把戏，更不会刻意留下自己做过什么的痕迹。具备仁爱之人即使已经做了许多，他还是会想要做得更多。持守正义之人就算已经做了不少事情，还是会去留下自己做过贡献的可寻之迹。当有礼之人所表现出的礼仪没有得到回应的时候，便会强拉他人去遵守礼仪。

因此，与真实之"道"离失之后才有了"德"，失去了"德"之后才有了"仁爱"，与"仁爱"相失之后才出现了"正义"，而失去"正义"之后才出现了"礼仪"。说到底，礼仪这种东西其实是因忠信不足而产生的，甚至可以说它是祸乱的开端。仁爱啊，正义啊，礼仪啊……这些所谓的超越人类贤能的智慧体现，实则只是在与"道"的本质相失甚远之后才出现的，虚假又肤浅，可以说其本身便是一切愚劣的开端。所以大丈夫注重立身敦厚，不依靠此等浅薄之物；将自身寄于"道"的实质是，不依赖于此等昙花一现的虚华之物。所以说，舍弃那些浅薄虚华的东西吧，努力修身得以成为朴实敦厚之人才是正经啊。

【解说】

在第十八章中曾提到一句著名的话："大道废，有仁义；智慧出，有大伪。"本章与此句的主旨是高度一致的。在古人那个真实之"道"盛行的美好年代中，像孔子或孟子等人所提倡的儒教之仁义道德并不是非常必要的，因为即便这样做，在当时的社会也不会引起太大的反响与不同。只有当自身的存在已经与"道"相失甚远之后，才产生出了道德的说法。在此之后，人们便开始与自己纯粹质朴的本性渐行渐远，日益堕落下去。尤其是在强调礼仪的时候，这个现象尤为严重。本章所强调的是，人民生活于这个世俗的世界中，与其仅仅是为了表现或维持徒有虚表的礼貌，还不如远离礼仪、放弃仁义之德，使自身重新与"道"融为一体，成为真正具备"上德"的人。说到最为理想的大道盛行之世，不仅要追溯到《庄子》的《马蹄篇》与《胠箧篇》中所描述的太古时代，另外还要能够将这些内容运用至这个污浊不堪的现实世界的要害之处，才能真正使理想中的世界再度复归、实现。

"德"含有"得"的意思，指的是自己所得到的东西。这是一种天生带来的东西，在此之后所获得的能力等只能被称为才华。儒教中较偏重道义一类，但老子和庄子则更加注重以本源之道为基础的实践能力。"上德"指的是完全合乎"道"的精神的人，"下德"则指的是为了具备理想之德而努力修德之人。在儒教中"德"不叫"德"，而是称作仁、义、礼等；德之后是仁，仁之后是义，义之后是礼，此处可以说是很清晰地展露了一个层层向下的次序。只是由于现存的诸本当中在"上德无为，而无以为"之后、"上仁为之，而无以为"之前多加了一句八字之言"下德为之，而有以为"，再加上帛书甲乙本中也并非如此记录，导致人们更偏向于将此注解删去。由于前文就已有"下德"一词且与最初的"上德"对应良好，但下文注解时却完全没有提到"下德"，导致被认为是帛书中出现了些许讹脱，然而实际上则是因为"下德"一句与之后的"上仁"等一系列内容连续性较差才这样写的，这一点困扰了学者们很长一段时间。还有一个原因："下德"一句的说明与"上义"的说明用的是类似的句子，因此原文的排列次序弄乱了。若是将"下德"与"上义"视作同一论点，则会对"上仁"一句的语序位置产生疑惑，所以说"下德"一句是作为对"上仁"以下内容的解释而存在的，这是世间比较普遍的说法。然而这样做自然会有问题遗留下来。在这之后便出现了各种不同的说法，很多人认为应当将原文中的文字稍作更改，发展出新的解读：有的认为"下德为之"应当改作"下德无为"（马其昶），有的认为接下来的一句"而有以为"应当改作"而有不为"（陶鸿庆、武内义雄博士），还有人认为应该干脆将其改为"无不为"（奚侗）。在新近被发现的帛书的记载中是没有"下德"这一句的，这可以说得上是将多年以来的问题一举解决的重大发现。本文中虽确实存在着几处不小的改动，但均是依据帛书的内容而做出的更改。

"攘臂而扔之"的"攘"字意为拉扯对方的衣物，此处指的是伸出手拉住对方的胳膊。"扔之"则指的是用力拉住对方以使其遵从自己的意愿。

　　上篇的内容最初是以"道"字开始，所以叫作"道经"；与此相对应，下篇的内容多是以"德"字开头，因而称之为"德经"。《老子道德经》则是将二者相合后得出来的名称。

39. 昔之得一者（立足于"道"）

　　昔之得一者，天得一以清；地得一以宁；神得一以灵；谷得一以盈，万物得一以生；侯王得一以为天一贞。其致之一也[*]。

　　谓天无以清，将恐裂；地无以宁，将恐发；神无以灵，将恐歇；谷无以盈，将恐竭；万物无以生，将恐灭；侯王无以贞[*]，将恐蹶。

　　故贵以贱为本，高以下为基。是以侯王自称孤寡不谷，此非以贱为本耶，非乎？故致数誉无誉。不欲琭琭如玉，珞珞如石。

【译文】

　　从一开始"道"便是世间唯一的根源，若要说明从古至今得到了这"一"会怎么样，则天得到"一"便得以清澄；大地得到"一"则得以宁静安泰；神（人）得到"一"则得以变得灵妙；河谷得到"一"则得以充盈；万物得到"一"则得以生长；诸侯或王者得到"一"则得以成为世界的主宰。能够让世间万物得以如此的，便是等同于"道"的"一"了。

天空若是不再清明，则恐怕要崩裂；大地若是不再宁静安泰，则恐怕要四裂震溃；神（人）若是无法保持灵妙，则恐怕要面临灭绝；河谷若是不能保持水量充盈，则恐怕有干涸之势；万物若是不能保持生长，则恐怕要面临灭亡之灾；诸侯或王者若是无法保证自己天下首领的地位，则他的时代怕是要被倾覆。正是因为有了"一"，才能使上述事物得以持续维持各自的存在。

所以说，实际上世间一切贵皆以贱为根本，一切高皆以低为基础，这便是王与诸侯们为何称自己为"孤""寡""不谷"，难道这不就是以贱为本的表现吗？不是吗？所以说最高的荣誉是无须赞美和称誉的，因为这样做反而会失去这份荣誉；不要去追求像晶莹的宝玉一般气派，也不用去羡慕无趣、坚硬的山石，要去争取获得世界根源的"一"，并将此身此心托付于"一"，坚定于"一"。

【解说】

天地间存在着的万事万物皆遵从于世间唯一的根源——"道"，各自得以安定，并持续实现着各自的存在。世间的支配者们也是如此，皆是在体得了"道"并一直以此作为行政治理的基础与规则，才得以长久地守住自己的地位。"一"即"道"

的别名，在第十章与第二十三章（旧第二十二章）中所提到的"抱一"，与此章的"得一"概念相近。此章着重说明了通晓世间之"道"并与其合为一体的重要性。但是，在临近结尾的"故贵以贱为本"之后的一段，与前文之间的连贯性显得不是非常好；不将"故"字读作"正因如此"，而是将其译解为与"夫"相同的词语也是因为这个缘故，但也有说法认为，这一段内容原本是从另一章之中分离出来的。虽说有人认为这样才是比较直率的解读方法，但此处还是选择了保持其连续性。不要拘泥于世间的"贵贱高下"，更不要被此等世俗之象束缚住，重点在于要取得世间唯一的"道"，这才是最重要的事情。第二章中写到过"有无相生""高下相倾"，又写到"圣人处无为之事"，想法算是碰到了一块儿。不论方向的左右，不要被面前的那点利与害迷住了双眼，最需要注重的是要像已经体悟了"一"的人们一样保持住安静、平稳的状态。

"其致之一也"一句，在底本的记录中是没有"一也"二字的，此处依据古本将其补上了。

"发"与"废"字可以互相通用，在此处是荒废、毁灭之意；"歇"代表消失、休止；"竭"指的是用尽、枯涸；"蹶"指的是跌倒、失败与挫折。

"侯王无以贞"的"贞"字在底本中是记作"贵高"二字的，与前文的内容并不是很合拍。此处是依据古本修改而成。

"贞"代表着首长、首领的意思。

"孤"是指孤儿，"寡"是指独身一人的人，也是"寡德"（德行不足）之意，合起来称作"寡人"。"不谷"则是不善之意，在当时被作为诸侯们的谦辞（对自己的谦称）而广泛使用。

40. 上士闻道（旧第四十一章）（"道"的姿态 3）

上士闻道，勤而行之；中士闻道，若存若亡；下士闻道，大笑之。不笑不足以为道。

故建言有之：明道若昧，进道若退。夷道若纇。上德若谷，广德若不足，建德若偷。质真若渝，大白若辱*。大方无隅。大器晚成，大音希声，大象无形。

道隐无名。夫唯道，善贷且善成*。

【译文】

优秀的人物在听闻"道"之后，便会努力地去实践，普通的人在听闻"道"之后，则会半信半疑，下等的人在听闻了"道"之后，会不屑一顾地哈哈大笑。然而若不会被这些劣等的人嘲笑的话，那也就不足以称其为"道"了。

因此古时的人曾说过这样的著名"格言"：清晰光明之路往往显得暗昧模糊，真正能够使人前进的道路看上去却好似在倒退，平坦之路会显得崎岖起伏；崇高的德好似低迷的峡谷，宏大宽广之德却貌若不足，刚健之德却显出怠惰之像，质朴纯真之物看上去仿佛不够稳定，最为洁白之物看上去却仿佛乌黑，最为方正之物反而没有棱角。极有品质的伟大之人却在最后才凸显出来，最大的声响反而听来无声无息，最宏伟的形象则反而无以得见其形状。

"道"隐于现象的背后，幽隐而没有名称，既不可眼见亦不可耳闻。说到底，只有"道"才可以借力与作用于世间万物，也只有"道"可以使万物得以善始善终。

【解说】

要以普通的常识来理解"道"的状态是一件很困难的事情，正因为如此，它才有着能够帮助万物存在下去的巨大作用。"建言"是立言的意思，换句话说就是作为榜样的格言之意，通过引用这句话来让人们明白如何在这貌似矛盾的话语当中寻求超越常识之"道"的理想状态。考虑到韵律的因素，每三句"建言"之后都有一句总结语，以四连句的方式进行下去。所以原本位于"上德"一句之后、夹在三句"德"之间的"大白若辱"被移至更后，与"大方"一句并列在了一起（张松如之说）。此处的"大"与下面"大器""大音""大象"等语境中的"大"相同，并不是指一般大小相对的尺寸之意。如同第二十五章中所说的"强为之名曰大"，两处的"大"字皆是用以形容"道"，指的是无止境、无限的那种伟大，意味着世间不可动摇的最高价值。然后再从"大象"开始缓缓将"道"示与众人，这一点若是读过第三十五章便不难明白了。

"大器晚成"是尤为著名的一句。此句解作"成为伟大的人物是很耗费时间的"，一般被用于鼓励不幸或怀才不遇之人，然而这并非老子的本意。虽说"晚成"这一词汇的字面意思就是"很晚才完成"，但考虑到与前后句之间的关联，倒不如说成是不论到什么时候都无法完成，且这种未完成的状态才正是作为大器的一个特点。因为一旦到达完成的状态，其形便会被固定下来，然而，若其形已被固定，则它的用途也被相对地施加了限制，如此一来便不能算作大器了。"大音希声"中的"希"指的是接近于无声的轻微响动，在第十四章中提到过"听之不闻名曰希"，如此看来，可以确定这句描述的就是"道"了。"无声之声"说的便是从沉默的宁静之中传来的真实之声，这正是我们必须努力捕捉到的"道"之真声。

"纇"本身是指缠绕在一起的线团，在这里是坎坷曲折、崎岖之意，与代表着平坦的"夷"对立；"偷"是懒惰的意思，与意为坚强独立的"建"字对立。"苟且"一词被解释为马虎、凑合之意；"渝"指的是善变，与安定、坚固的"质真"相对立。也有说法称"质真"的"真"字应该改为"德"字（刘师培之说）。

文末最后一句"善贷且善成"在底本中是记作"善贷且成"的，本章依据王弼之注与帛书本将后面的"善"字补了上去。

本书将此章与下一章的顺序进行了调换，与帛书中的文序保持了一致。帛书的文章顺序与现代的文本对照，其不同之处共有三处，在研究之后，我认为其中两处都是帛书的版本要更胜一筹，这两处便是之前的第二十二章（旧第二十四章）与此处，理由是，如此一来不仅文章之间显得更为连贯，内容节奏也更为一致。本章以"上士""中士"为开端，以体得了"道"的姿态之后如何将其实践作为主要关心的重点，可以顺畅地与下一章（旧第四十章）的前半段联结在一起，而次章的后半部分讲的是"道"的生成论，与第四十二章开头的内容亦联结顺畅；也就是说本书虽然依照帛书的顺序将第四十章与第四十一章进行了对调，但令文章之间的通顺程度更上了一层楼。另，若是完全依照帛书的顺序来排版则会破坏此章的章序，会导致其前半段归于本章、后半段的内容则被第四十二章吸收掉（虽说本来也没有章序这么一回事儿），但为了方便起见，此处还是选择了将此章序之排版保持原样。

41. 反者道之动（旧第四十章）（"道"的作用 4）

反者道之动，弱者道之用。

天下万物生于有，有生于无。

【译文】

"道"的运作不只使一切向前进，还能够让一切循环往复；它不光有强大的一面，同时它的作用也是非常微妙且柔弱的。

天下万物皆产生并存在于有形之物中，而其"有"则是从"道"的"无"之中孕育出来的。

【解说】

本章最初的两句承接了前一章的内容，讲的是应当当作日常实践之模范的"道"的姿态。此处提到的"道"能使万物返回至其最初的状态一语实则与第十六章中的复归思想说的是相同的一回事儿。"万物并作，吾以观复"，这实在是哲人在洞察了世界真相之后写下的自己所捕捉到的"道"之作用，与前文的"进道若退"有着异曲同工之处，"水善利万物而不争……故几于道"，此处所提的柔弱之道与第八章中对水的赞美之词也有着相通之处；第三十六章中同样也提到过与柔弱胜刚强类似的话语，这正是因为"道"的姿态是非常坚定地处于无为、自然之状的。

　　后面两句描述的是天地万物的成长，与下一章的内容联结紧密。天地万物与"有"和"无"之间的关系在第一章中就已经提过，分为"无名"的始源、"有名"的天地和万物这三个等级并与此相互对应；另外，在此之后，从"道"直至万物间一直有所夹杂的一、二、三等用语，从此处来看也能明白，考虑它们之间的相配性是很有必要的。不论怎样，此处所说的万物之始源——"无"，即指"道"，这一点是毋庸置疑的。此处的"无"并非是在说单纯的、什么都没有的那种"无"，因为从单纯的"无"中是无法孕育出任何东西的，更不用谈万物了。正是因为它是我们人类无法捕捉到的东西，所以除了将其称为"无"以外我们找不到别的称呼方式。在这里，"有"代表的是一切存在的开端（万物之母），它不仅代表了天与地，还展示了天地之间的阴阳之气。在下一章中与它对应的是"二"。

　　此章不仅精练短小，还不好总结，使得学者们苦恼了相当一段时间。现在依据帛书将文章顺序一改，便得以将此章分为两部分以进行分别释译，因此疑问也得以迎刃而解。

42. 道生一（柔软的分层）

　　道生一，一生二，二生三，三生万物。万物负阴而抱阳，冲气以为和。

人之所恶，唯孤寡不谷。而王公以为称。故物或损之而益，或益之而损。

人之所教，我亦教之。强梁者不得其死，吾将以为教父。

【译文】

"道"生出"一"，"一"生出阴阳二气，二气生出第三种物质，这第三者则孕育出了世间万物。万物皆背阴而向阳，并在此阴阳二气的激荡中使得一切调和至和谐。

人们不喜欢"孤""寡""不谷"，而诸侯或王者们却以这等词语作为自称，因此得以保持住自己崇高的身份。所以说这世间一切事物都一样，若去减损它则反而会使其增加，想要去增加它反而会使其减损。

人们如此教导我，于是我也这样去教导别人，将此传递下去——"以蛮力强行压迫他人的人定将死无其所"，我将这句旨在尊柔弱为上的训诫当作施教的根本。

【解说】

前一章中讲到了天下万物皆是从"有"之中诞生出来，而"有"则是由"无"孕育出来的，本章的开头承接了前章内容，进而阐述了作为"无"的"道"孕育出万物的过程。

与第二段的"孤""寡""不谷"完全相同的内容在第三十九章中也出现过，讲到王者们通过让步才能保住自身的高位，并说到过于追求尊自我为大反而会对自身造成减损，与第三段中否定刚强的教言连在了一起，这同时也与第一段中"道"的复归思想首尾呼应。

第一段中写到的夹杂在"道"与"万物"之间的"一""二""三"究竟指的是什么呢？这是个很重要的问题。由下文的内容来看，"二"指的是阴与阳，"三"则说的是此阴阳二者的"冲气"在互相激荡后所产生的"和气"；"阴阳"同时也代指天地。由于前文内容中早已说过"一"是"道"的别称（第十章、第二十三章[旧第二十二章]、第三十九章），所以对于"道生一"一句恐怕稍微有些难以理解；但比起本质为"无"的"道"来说，"一"已经有了更强的具体性，表现出了更上一层的迹象，因此才有了"道生一"这种分阶段的说法。虽然弄明白了文中"二"所指的是阴阳之气，但在这之前便早已有人认为二者实则为一的这种说法，因而单单将其理解为"气"的说辞实在是令人无法苟同。

"强梁"的"梁"就是"勍"的借字，也是代表了强的意思。"强梁者不得其死"一句非常有名，可以说是一句从古时便传承下来的谚语。"人之所教"所指的就是这一句话，这句古老的谚语直至今日仍然可以作为教育之根本被反复拿出来用于教导他人。本章是以"道"的存在为基础、意欲将之前对柔美的赞美之词付诸实践尝试的论述，此实践论在下一章中亦得以延续。

43. 天下之至柔（无为之利）

天下之至柔，驰骋天下之至坚。无有入无间。吾是以知无为之有益。不言之教，无为之益，天下希及之。

【译文】

天下最为柔弱的东西实际上却可以使天下最为坚固刚强之物如自己设想般运作、奔走，正如水可以自由流淌、穿梭于坚硬的岩石之间一样；正因为这是一份无形的力量，所以即便没有丝毫缝隙，依旧阻挡不住其穿越而过的步伐。正是因为水自身并没有一个固定的形状，所以它能够进入任何地方。基于此状我才认识到，"无为"的有益之处究竟有哪些。不依赖于语言的无言之教、不做多余行为的无为之利，普天下几乎没有什么能与它们匹敌的存在。

【解说】

此章讲述了柔弱的强大之处，无形所带来的胜利，以及不言与无言之间的关系。在第三十六章中就已经说到过柔弱反而能够战胜刚强，第七十八章中则写道"天下莫柔弱于水"，显而易见这是在以水的柔弱作为模范的姿态来考量的。第八章中也写道"上善若水"，通过描述水的"不争"得出了"其近于道"的结论。"不争"指的即柔弱、顺从，是一种可以令人联想到无为自然的状态，并且这份无为自然的姿态就是在描述"道"的形态（第三十七章）。若说人们处世应当以什么为最佳模范的话，不用说，除此之外别无他者了。

44. 名与身孰亲（财产之所害）

名与身孰亲？身与货孰多？得与亡孰病？是故甚爱必大费，多藏必厚亡④。知足不辱⑤，知止不殆，可以长久。

【译文】

对于自己来说，名誉与身体究竟哪一样更切实际？身体与财产，比较之下究竟哪一样更为重要？物品上的得到与失去，到底哪一样更为有害？人们被对于名誉、财富的欲求蒙住了双眼，甚至到了忘我的境地，被获得名誉、财富时的喜悦冲昏了头，以至于完全不明白这样做的有害之处到底在哪儿。所以说一味极端地追求名利就必定要付出更大的代价，过分追求与积敛财富则必定会招致更为严重的损失。懂得满足的人就能避开会弄脏自身的事情，使自己永远不会受到屈辱；懂得适可而止的人便能使自己不陷入危险之中；只有懂得这样做，才可以长时间保证、保持住自身的平安。

【解说】

本章劝诫人们不要紧追名利、贪图财富，是训诫人们断除世俗欲望的一章。无论是名誉还是财富，人们皆是为了自身的重要与价值才会去追求这些，但若是只专注于获得它们的喜悦之上，就会遭受巨大的损失；换句话说，人们终将面临的便是关于自身的一切的破灭。第十九章中有着"少私寡欲"这么一句话，第一章中也写到过"常无欲以观其妙"，这就是在说人若是被一己之欲束缚住，便会看不清世间的真相，甚至无法稳妥立足于世。

"甚爱必大费，多藏必厚亡"与"知足不辱，知止不殆"四句非常有名，是被一代又一代人传颂下来的名句。特别是后者，被称为"知足之计"或是"止足之计"，在第三十二章、第三十三章和接下来的第四十六章中也可见到。所谓的"知足"并不仅仅是说人在到达一定程度后就差不多该满足了的意思，所谓的"知止"也并不只是单纯地让人们学会止步不前。究竟什么才是真正的满足？到底哪里才是人们应当冷静下来的分界线？这与"道"的世界有着密切的关联。不被世间的形态所束缚，能够懂得分寸，做到适时停止并发自内心地感到满足，这才是所谓的"知足"与"知止"。

　　本章讲的是谋求自身长久的方法，是一篇具有现实意义的处世之训。当然，一味执着于保全自身并不是老子的本意，这一点在第十三章中就已经说得很清楚了。如果换一个角度来考虑的话，可以说名誉是比自己的身体更为重要的东西，比如在儒教的观念中就是如此。老子的立场与其相对，认为名誉与财产等物无非是存于外表的虚饰，不如说应当将其视作妨害人类本质的"大患"；比起这等身外之物更应当注重自己的身体，比起国家社会更应当重视个人，比起外表更应当重视内在，这是《老子》中最为基本的态度。

45. 大成若缺（中空之妙）

　　大成若欠，其用不弊。大盈若冲，其用不穷。
　　大直若屈，大巧若拙，大辩若讷。
　　躁胜寒，静胜热，清静为天下正。

【译文】

　　最为完整的完满之物好似有残缺一样，但它的作用是永远不会衰竭的；最充盈完满的东西看上去好似中间空虚一般，它的作用却是无穷无尽的。

真正笔直又正直的东西看似弯弯曲曲；最为灵巧的巧妙之物看着像是最为笨拙的；最卓越的辩才却好似不善言辞。

躁动之举有助于抵抗寒冷，静息则可以克服暑热。虽然运动与安静都有着各自的作用与贡献，但清净才是世界的主宰。

【解说】

"大成""大盈"等用语中的"大"与第四十章（旧第四十一章）"大白""大方"等中的"大"是一样的，均指的是与"道"相关联、超越世俗，广阔且真实；因为这层意思，我们完全可以认为最初的四句便是对于"道"本身所生出的形容。一般意义上来说，各种各样的有形之物终要迎来毁灭、崩塌之日；例如满满当当的油箱在使用过后必然会有耗损而变得中空，然而我们在谈论的"道"之完全、"道"之盈满时则与此不尽相同。第四章写到过"道冲而用之，或不盈"，"冲"是"盅"的借字，与本章此处的"冲"是相同的。"其用不弊"的"弊"即疲弊的"弊"，指的是疲惫、衰退之意。"穷"与"尽"的意思相同，意指耗尽。

"大直若屈"以下的内容将文章主题从上述所说的"道"的传统模样转变成了人事上的模范条例，"大巧若拙，大辩若讷"亦作为著名的名言被人们广为传诵。文章最后一段利用了静与躁相互对照的谚语，明确说出维持、守护住那份"清澈的宁静"才是处于世间的首要任务，意指"大直"以下的"大"实则通向的是无为的清净。这里有些难以理解：基于第二十六章所写的"重为轻根，静为躁君"，因而此处将文字的顺序进行了改动，有人说之所以写作"躁胜寒，静胜热"，便是为了与下一句的"清（寒）静"自然连接在一起的说法（蒋锡昌之说）；对于此处也不乏其他的思量与想法，由于帛书亦是如此记载（有的文本中将"热"字记作"炅"字，意思是相同的），于是便按照底本原文的样子如此解读。"天下正"的"正"指的是首长、领导之意（王念孙之说），与第三十九章中的"天下贞"相同。"正"字和"贞"字可互相通用。

46. 天下有道（知足）

天下有道，却走马以粪。天下无道，戎马生于郊。

罪莫大于可欲 *，祸莫大于不知足，咎莫憯于欲得 *。故知足之足，常足矣⑤。

【译文】

普天之下若道理盛行，那么世间便能够太平，可以使战马赶回民间，帮助耕作农田；治理天下若不合乎道理则会令世间大乱，即便在城市附近的区域也能看到军队战马的活动。

说到底，会发动战争的原因皆起源于王侯将相们的一己私欲。放任欲望、恣意妄为即最大的罪恶，不知满足便是最大的灾祸，对事物抱有的持续贪念就是令人最为不忍目睹的过失之罪。所以说，知道到了什么地步就该满足的人，才能够体会到永恒不变的真正满足。

【解说】

本章从农民的立场与视角阐述了反战的思想言论。"走马"指的是战时用于传递紧急事态消息的快马，在和平的时期是派不上什么用场的，所以会转职为民间用于耕种的田马。"粪"是"播"的借字，一般指的是耕作、播种。"戎马"指的是军用之马，它们会把处于郊外的田地弄得乱七八糟，以致荒芜。"生于郊"一般来说被普遍解释为连怀孕的母马都要被送上战场，甚至要在战场上生产小马驹，如此解释并不太妥当。"生"指的是事件的发生，"郊"指的是城市周边的地区，一般是用于农间耕种的田地。第三十章中写道"师之所处，荆棘生焉。大军之后，必有凶年"，在紧接着的第三十一章中又写道"兵者不祥之器"，由此可见老子是一贯抱有这样的反战思想的。并且他提到，战争这种东西大都是由于支配者阶层的人肆意放任私欲而起，作为代价被牺牲的却是老百姓的日常生活；由此而进一步重复强调了欲望所带来的危害和"知足"一事的重要性。

"罪莫大于可欲"此六字在作为底本的王弼本中并没有被收录，但在新出的帛书中可以见到其踪影，与河上公本等古本相吻合，因此本章选择遵从于此。"咎"一句中的"憯"字原本是记作"大"的，在此亦是依据帛书与古本做出的修改。"憯"字与"惨"字同义，说的是残酷凄惨、令人心痛之意。

"常足矣"的意思是永恒的满足，在理解时有必要参照一下第四十四章中的"知辱不足，知止不殆"一句。

47. 不出户（观己自省）

不出户知天下，不窥牖见天道。其出弥远，其知弥少。是以圣人，不行而知，不见而名，不为而成。

【译文】

即便一步也不从门户中迈出去，也能够知晓天下所有的事情；即便不从窗口处向外窥视，也可以明了自然界的法则。向外奔逐得越远，则他所能够得知的事理反而会减少。所以已与"道"合为一体的圣人足不出户却能够知晓一切，从不窥视却能够明了事理，坚持无为却可以成就万事。

【解说】

奔逐得越远则知道的越少——"其出弥远，其知弥少"，这一句可以称得上是《老子》一派的名言。"留意脚下"意指注意自己的立足之处，与"丈八灯台照远不照近"说的是同一回事；或者不如说，比起自己立足的这一小块地方，更应当好好重视自身的内在。将一直投向外界的视线掉转过来，认真凝视自己的内心深处，如此才能够万事俱备。"见性成佛"是一句禅宗的教诲，说的是通过观察自己的内心得以知晓自己的本性，之后便可以成佛的意思，在《老子》中则写作"知人者智，知己者明"，以反省的口吻强调了"自知"的重要性（第三十三章）。为了求知、求学需要向外发展，这是人们的常识；然而这样做是得不到真知的。随着奔逐的距离越来越远，人们的追求就越会偏向枝叶末节，变得本末倒置，从而与事理的本质渐行渐远。诗人如是唱道，"尽日寻春不见春"，为了寻求春天，诗人走遍了山野，归来时才发现根本没有踏破铁鞋的必要，因为在自家庭院的门口处早已是"春在枝头已十分"（《鹤林玉露》）。

此处所说的"天道"等同于第九章与第七十三章等处提到的"天之道"，讲的是通过其运作而得以为人所知的自然界法则。其本来是指通过观察自然界后所感知到的东西，在《老子》中则是指超越了科学常识的真正的"认知"。

有人认为"不见其名"中的"名"是如字面意思的"取名"之意，实则非也，它是与"明"通用的借字。在《韩非子》所引用的句子中确实为"明"，将其理解为与"见"字相对应的对象较为妥帖。不用多加解释也可明了，它在与圣人的行动相关的三句中担任的角色是在重复体现"无为"的理想之状。

在接下来的一章中，老子为我们讲述了体得"无为"的方法。

48. 为学日益（成就"无为"）

为学日益，为道日损。损之又损，以至于无为。无为而无不为。

取天下，常以无事；及其有事，不足以取天下。

【译文】

在精修学问的过程中，知识量会随着时间与日俱增；而在修"道"的过程中，其知识文饰则会一天一天地减少。随着这减少的势头下去，日复一日，以至于最后到达"无为"的境界。如果能够做到无为而不妄为，那么无论什么事情，此人都能将其一一实现、有所成就。

若想要制霸天下，除了不能做出出格之事，最主要的是要做到将自身一切交付于"道"且顺其自然。如果不能做到这一点，那就不配也无法治理国家了。

【解说】

世间的学问，此处尤其是指儒教的学问。一般来说，我们会认为此类学识能够扩展我们对世间的认知。要做到这一点只能依靠日常生活中一点一滴去积累学识与智慧，不如说不光是靠有学识、有智慧的头脑，更重要的是世间学问的力量大到能够改变我等日常生活中的行为模式。我们的身体中存储着各式各样的事物，它们像渣滓一般沉积于我们体内，导致我们逐渐失去了《老子》中所述的那种纯粹朴素的人性，即之前提到过的"绝学无忧"（第二十章）。如果追求学问只是为了追求世间的荣华，这样的行为还是早日停止为好。

在放弃世间学问、努力修行于真实之"道"的过程当中，所要求的反而是削去自己身上多余的东西、舍弃自身的一些物品与特性，渐渐沉于"无"的状态——因为"道"与"无"的立场是完全相同的。若是能通晓并做到"本来无一物"，那么自然也就达到了"无为"的境地；而只有真正做到了"无为"，才能够达到万能的状态。"无为而无不为"一句作为

"道"的表现形式在第二十七章中出现过，此处则是以其作为模范并付诸实践。在战国时期，"取天下"一事即便称为所有人的梦想也不为过，然而只有能够做到"无为"之人才有实现这个梦想的可能性。

49. 圣人常无心（无心的圣人）

圣人常无心 *，以百姓心为心。善者吾善之，不善者吾亦善之。德善。信者吾信之，不信者吾亦信之。德信。

圣人之在天下 *，歙歙焉，为天下浑浑。百姓皆注其耳目，圣人皆孩之。

【译文】

与"道"合一的圣人往往是没有自己的私心的，他能够以百姓的意志作为自己的意志。因此，圣人选择了这样的做法：对于百姓中的善良之人，我自善待于他；对于不善之人，我亦善待于他，如此便可使人人向善了。对于人民之中的诚实守信之人，我信任他；对于不诚实、不守信之人，我仍然真诚、诚恳地待他，这样便能使得人人都守信了。

圣人在面对世界的时候会收敛自身的欲念，使自己处于一种无心的状态，在治理天下的时候则会有意识地避开因聪慧程度不同而孕育出的分别之心，使天下的心思归于混沌一体。百姓皆一心专注于自己耳目的所见所闻，圣人则过滤了一切与此相关的信息，从而得以归于无知无欲的纯朴状态。

【解说】

这一章主要描写了圣人的"无心"。此章并非是从一个固定的立场出发进而批判这个世界，而是在包容了世间的一切之后将其作为一个整体来阐明自己的观点，这个观点是舍弃了以自我为中心的区别心，并且与"道"浑然一体之后所得出来的论据。只是这一张中有许多文字上的异同之处，自古以来便被视为难以释译的一章。

"圣人常无心"一句一般都是写作"无常心（即没有常心）"的，现今则是按照帛书乙本将其改为"恒无心"。在唐代的碑文中记作"无心"，河上公本原本也是如此，即记作"无心"的（武内义雄博士之说）。"善者"以下的内容普遍被认为记录的是圣人之语，因为文中含有"吾"字；然而在帛书甲乙两本中均未收录此字，这么看来则文中描述的并非是圣人的语言，而是在直接地描写圣人的行为举动。"德善""德信"等用语也是较难理解的几处之一，但由于此二字是可以互相通用的，所以在傅奕本中"德"字记作"得"字，也就直接按照"得"的意思理解了。

从"圣人之在天下"开始的句子皆是依照古本的内容订改而成的；底本的原文记录如下："圣人在天下，歙歙焉为天下浑其心。"意思是圣人于世，为了治理天下而使自己的心不要过于明察。这样的记录是比较普遍的，从古本中所记录的句形，结合王弼的注解来考虑的话，还是此版更佳。

"圣人皆孩之"中的"孩"字是"阂"的借字，代表了关闭的意思（高亨之说）。解作"像对待婴孩一般对待人民"是较为普遍的通说，但"孩"形容的实则是婴儿的笑声（第二十章），所以单单将其解读为婴儿的话多少还是有些不稳妥。

50. 出生入死（理想中的养生）

出生入死。生之徒十有三，死之徒十有三。人之生，动之死地，亦十有三。夫何故？以其生生之厚。

盖闻，善摄生者，陆行不遇兕虎，入军不被甲兵。兕无所投其角，虎无所措其爪，兵无所容其刃。夫何故？以其无死地。

【译文】

人在这世界上以出生为开始，以死亡为终。以柔软之姿生存着且能长寿之人共有十分之三，过于坚强因而导致夭折的短命之人占了十分之三，本来可以活得长久却自己走向死亡之路的人也占了十分之三。究竟为什么会发生这样的事呢？那是因为人们太过执着于守护自身的生命了。

据闻，善于保养自己生命的人在行走于陆地上的时候是不会碰见犀牛老虎等凶猛恶兽的，即便参军也不会在战斗的时候被武器所伤害。犀牛面对他时找不到可以用角冲撞的部位，老虎面对他时不知从何下爪，武器也找不到可以将利刃刺入他身之处。到底为什么会这样呢？这是因为他对自身的生命不抱有近乎固执的执着，因此他也不具备死亡的条件。

【解说】

从出生开始，人们就在一步步走向死亡，这就是人的命运。有长寿的人就会有短命的人存在，即便为此踌躇不决也是起不到什么作用的；若是在自身的健康状况上花费大量心思，就会变得想要避开那些会缩减自身寿命的事情。第七十六章中写到"人之生也柔弱，其死也坚强"，说明了柔弱这一特性与自然无为的立场是相通的。不会为猛兽所加害，不会被兵刃等武器伤害到，这是因为他没有架子，所以能够做到自然处之。对于珍惜生命、畏惧危险的人来说，若是碰到摆出使自己感受到威胁架势的对手，则自然会萌生出想要将其打倒的想法，由此便是真正的自寻死路了。本章看似主讲普通的养生之道，实际上则是在描述最理想的养生方法；它超越了世俗间普通的养生概念，主张人们不该被生命本身束缚住，大力推崇了无为自然的人生态度，这才是此章的重点。

将"出生"二字解读为一步步离开"生"的世界是比较普遍的说法，但这其实是很不自然的，应当将其理解为"出世为生"之意。与下文的"动之死地"配合起来阅读，不如理解为"出生"所对应的是"生之徒"，"入死"对应的是"死之徒"，如此便更能明白出生、诞生才是最佳的释义。

"兕虎"中的"兕"指的是与水牛相似的一角类禽兽，以自己坚硬的角当作武器使用。"甲兵"指的是铠甲与武器，"死地"则是一个原本与"生地"相对应的军事用语。在《孙子》等书中指的是鲜少能够获得救援的穷极之地。

51. 道生之（"道"与"德"）

道生之，德畜之，物形之，器成之*。是以万物，莫不尊道而贵德。道之尊，德之贵，夫莫之命，而常自然。

故道生之，德畜之。长之育之，亭之毒之，养之覆之。生而不有，为而不恃，长而不宰。是谓玄德。

【译文】

"道"生成万事万物，"德"养育万事万物。万事万物各自有着不同的形状，它们承担着各自的职责，以此来组成了世界，因此，世间万物无一不尊敬"道"、珍视"德"。"道"之所以被尊敬，"德"之所以被珍视，并不是因为它们被谁赋予了很高的爵位，而是因为它们本身就拥有了这样的品质。历来如此。

因而，"道"孕育出万物，"德"则养育了万物，使它们生长发展、成熟结果，使它们受到爱惜与养护。即便如此，生育万物而不会据为己有，被委以重任也不会自恃其功，引导万物而不以自己为主宰，这就是玄德——不可思议的奇妙能力。

【解说】

在"道"的作用之下万物得以诞生育成，此章分阶段地描述了这一整个过程。这里的阶段指的就是从"道"到"德"、从"德"到"物"，最后到"器"的这么一个展开，当然这一切的原点和基础还是"道"。在此之后，"德"在此处作为"道"的作用与能力就显现出来了，因此它与"道"并列，都是最为贵重的品质。此二者作为生成与养育一切的基础，受到了世间一切最诚挚的敬佩。但是这份尊敬和珍视并非是来自于被某物赋予的高级尊位，更不是来源于对自己所创功绩的夸示与炫耀，而是因为这份生成的力量自始至终都是由内而外地遵守着无为自然之道，这是由它们自身所带来的。因此，对于我们人类日常的举止作风来说，没有什么比它们更合适拿来作为模范的东西了。

"器成之"一句中的"器"字是遵循帛书甲乙本的内容修改而成的，原本写作"势"字。虽说将其解释成"万事万物虽现出各种各样的形态，从中诞出的那股自然之势才是真正使得万物成长起来的环境本身"这个说法较为普遍，但若是单看《老子》此处的这个"势"字，想来还是稍微难以理解了。"朴散则为器"，"器"在第二十八章中就已经出现过了，因此将其释为"万事万物各自有着不同的形状，正因为它们承担着各自的职责，因此才得以组成了世界"，如此语义便很清晰了。

在帛书的记录中，"故道生之，德畜之"这一句是没有"故"字和"德"字的，帛书甲本中使用了分章用的黑色圆点符号来顶替"故"字的位置。若是遵从这个说法，那么在此以下关于"道"之作用的原文则应当替换为名为"玄德"的内容，与前半段所主张的"道"与"德"并有的内容会有较大差异。或者说，其实这样才是古时原本的文章内容形式也说不定。"亭之毒之"一句很是难解，异说也多，现今"亭"解作凝结，"毒"解作厚热之意。由于"亭毒"与"成熟"发音相近，也有不少版本如同河上公本一般将此句记作"成之熟之"，因此将成熟当作其本意来思考也是可以的。

"生而不有"以下的内容是在第十章中已经重复出现过的，此处的叙述对象是"道"的作用，在第十章中则讲的是以体得"道"为目标的实践观点，但也有人认为第十章中的这一段是错简导致，实则为文章内容上的混乱。详情可参照第十章的解释。

52. 天下有始（回归于为母之"道"）

天下有始，可以为天下母*。既得其母*，以知其子*。既知其子，复守其母，没身不殆。塞其兑，闭其门，终身不勤。开其兑，济其事，终身不救。

见小曰明，守柔曰强。用其光，复归其明，无遗身殃。是谓袭常。

【译文】

遍天下的万事万物本身都有起始，这个始源就是生出天地万物的根源，即"母"。"母"即"道"，若是能通晓此"道"，便能认识作为其子的万事万物。若是能够做到认识万事万物，便能够与其"母"保持相同立场并牢牢地守护住它。能够做到这样的话，那么终身都不会遭遇危险了。

　　如果能够紧闭获取知识的感官，那么我们一生都不会感觉到疲惫；如果肆意放任自己的感官，因而被其引导着、马不停蹄地做着各式各样的纷杂事务，则终身都无药可救。

　　能够觉察、看透细微之事的人，即可称作"明智"；能够持守柔弱立场的人，即可称作真正的强大之人。能够运用智慧的光芒照亮万物之形，并且能够看透其"母"——存于内在的"道"，那么便能消除掉自身周围的一切灾难，这样就叫作遵从于永恒不变的"常道"。

【解说】

　　"道"是世界的本源，是世界之"母"。此处所说的是凭借超越感官的明智，与作为孩子的万物交融，仍然能够回到自己作为世界之母的"道"之立场，并通过牢牢持守于此，得以收获真正永恒的安乐、平静一事。

　　"可以为天下母"中的"可"字是遵照傅奕本的内容补上的。不光是为了与第二十五章中的句子相合，依照王弼的注释来看，原本也是有这个字的。在底本的记载中，"既得其母，以知其子"一句是将"得"记作"知"、"以"记作"复"的，此处则是依据帛书等诸本修改而成。文章最后的"是谓袭常"在底本中本是记作"是为习常"的，此处也是一样依据帛书等诸本内容，也与第二十七章中的"是谓袭明"相合了。"袭"

与"习"是可以互相通用的,"谓"与"为"亦是通用的。

"开其兑"中的"兑"字在此指的是孔穴,具体指的是人体所具有的耳、目、口等感觉器官,老子认为人类的欲望便是通过这些感官渗透进去的。下文中的"门"也是如此,说的是出入口的意思。一般来讲,"勤"指的是"劳作"之意,虽含有劳动的意思,但此处指的是疲惫之意。"见小曰明"一句在此出现多少有些唐突感,实际上则是对于下文中"复归其明"的"明"所做出的说明。"守柔曰强"与"见小曰明"两句原本可能是为了配成一对而被排列在一起的,在这里还是显得不是很妥当。"明"与"光"是有区别的,"光"指的是在外闪耀着的智慧之光,"明"则说的是能够洞察真相,且存于内部的真知力量。因此,"用其光,复归其明"一句可以说是此章通篇的重中之重。

"袭常"的"袭"与第二十七章中"袭明"情况相同,都是指遵从、袭承,也有人将其解读为含有、重复、重叠之意。"常"即第十六章中"复命曰常,知常曰明"(六十二页)的那个"常",在那一章中同样也说到了"复归"与"明"之间的关系。世界的根源即永恒不变的"常道",当然,它与身为世界之母的"道"本身亦有着深深的关联。

53. 使我介然有知（向着大道前进）

　　使我介然有知，行于大道，唯施是畏。大道甚夷，而民好径。

　　朝甚除，田甚芜，仓甚虚。服文采，带利剑，厌饮食，财货有余。是谓盗夸。盗夸，非道也哉。

【译文】

　　假使我稍微具有一些世间的智慧，那么在行走于大道的时候，我唯一担心的就是害怕自己走上了岔路。大道虽然平坦易行，但是人们却喜欢走与这份智慧有所差别的近道小路。

　　虽然宫廷中极为洁净富丽，农田却极度荒芜，且粮仓亦十分空虚。即便如此，人们还是穿着美丽的衣服，腰间佩带着锋利的宝剑，饱餐精美的饮食，占有着不必要的多余财货，这便叫作奢侈的盗贼。这些盗贼的奢侈，与"道"实在相差得太远了。

【解说】

　　宽广的大道是平坦易行的，正因如此，真实之"道"的实践之路才是最难进行的。若说到为什么，那是因为人们总会为了一些小智慧、小聪明，优先选择向着所谓的捷径小道前进，因此才导致"道"的实践之路如此有难度。如果成为了欲望的俘虏，那便几乎等同于小偷、贼人了。对于民众的穷困潦倒不管不顾，一味慕求华服美食等奢侈之物的贵族姿态，如今被称为盗贼的奢靡。老子感慨道，"非道也哉"——此等行为实在与"道"有着严重的偏离啊。这里包含着对当今世间的执政者与贵族所抱有的强烈愤怒，在此一并喷泻而出。

"介然"在这里解作细微的意思，"知"则解读为应当给予否定的世间智慧（太田晴轩之说）。也有人因为"有知——通透彻底的认知"而认为它说的是坚固的意思，这个解释并不算好。"施"是"迤"的借字，代表了邪、斜行之意，说的是与大道有所差别的捷径小路，与后文"而民好径"中的"好径"是同一个意思。

"朝甚除"中的"除"指的是扫除，说的是将其打扫干净并加以修理、照顾之意。也有说法指出"除"其实是"涂"的借字，意指肮脏、污浊（马叙伦之说），配合以"田""仓"之句，实则说的是朝廷的腐败、败坏之状，但如此一来便会减弱执政者与民众之间的对比之意。执政者与贵族们是与民众相对立的，此处所表达的则是针对他们所做出的强烈批判，应当作此理解才能称为最佳的解释。关于"盗夸"的语义有着许多异说，"夸"与"誇"是同字，解作奢侈、奢靡之意。在《韩非子·解老篇》的引用当中写作"盗竽"，指的是盗贼们的首领。将"盗夸"二字连用是遵从于傅奕古本的做法，如此一来，更能传递出老子对此的愤慨之情。将夺取民众财富的贵族们奢靡不堪的举止风气称为"盗贼的奢靡"，实在是妙啊。

54. 善建者不拔（"道"的功德）

善建者不拔，善抱者不脱。子孙以祭祀不辍。

修之于身，其德乃真。修之于家，其德乃余。修之于乡，其德乃长。修之于邦[*]，其德乃丰。修之于天下，其德乃普。

故以身观身，以家观家，以乡观乡，以邦观邦[*]，以天下观天下。吾何以知天下然哉？以此。

【译文】

善于建树信念之人不会被更改、动摇，善于抱持信念之人不会与世界脱节。若是代代子孙都能遵循于此，努力守护此道，那么祖孙之间绝不会发生断绝之事。

如果每个人都能把这个道理用诸自身，那么他的功德就是绝对真实存在的；如果一家人都遵守这个道理并且将其付诸全家，那么其功德不仅真实且丰盈有余；如果全村人都遵守这个道理并将其付诸全村，那么其功德就会长久地延续下去；若是全国都遵于此道并全力付诸实践，那么全国的功德就会丰盛盈硕；如果普天下的人全部都这么做，那么其功德便会无限扩大并普及下去。

所以说，要用个人的修身之道去观察个人自身，以自家的修道方法来对照自家，以自己村子里的修道方法来对照全村，以本国的修道方法来观察本国，以天下的修道方法来观察全天下。若问我是靠什么来得知世界状况的呢？答案就是依靠以上的方法与道理。

【解说】

牢牢地稳住自己的根基，努力地使自身坚定不移，究竟是为了建立什么、承担什么？事实上并不是为了其他，而是为了普通日常中重要的某事某物，可以这么理解。然而，若是持续以此方法修身、齐家，以至平天下，则这份功德与恩惠必然会随着时间变得更加广大，如此说来，果然还是和获得"道"、持守于"道"本身有着深深的关联吧。不论是位于一己之身以上的"道"还是位于家之上的"道"，在各个不同的场合中都能够达到"善建""善抱"，这样本身便是理想了。与修"道"相关的人们究竟是含糊不清还是坚定，这才是判别、观察一个人乃至整个世界的基准。

在底本中，"修之于邦"与"以邦观邦"中的"邦"字是记作"国"字的，此处是依照帛书甲本与傅奕本的内容修改的，因为若不如此，上句中的"国"与之后的"丰"字在音韵上会有不和谐的感觉。今本将"邦"字改为"国"字是为了避开汉高祖刘邦的名讳，类似的例子在其他地方也提过，在这里便不多说了。

55. 含德之厚（婴儿的譬喻）

含德之厚，比于赤子。蜂虿虺蛇不螫，猛兽不据，攫鸟不搏。骨弱筋柔而握固。未知牝牡之合而全作，精之至也。终日号而不嗄，和之至也。

知和曰常，知常曰明。益生曰祥，心使气曰强。

物壮则老，谓之不道，不道早已。

【译文】

内心深处蓄积着丰厚的道德涵养之人，就如同初生的婴孩一样。婴儿不会被毒虫蜇、被毒蝎咬，不会为猛兽所害，也不被凶恶的猛禽盯上。他的骨骼很弱，筋肉也很柔软，但拳头却握得很紧。虽然完全不懂男女之间的交合等事，但他的阳具却会出现勃起的现象，这说明他的精气是非常充沛的。即便他号哭啼叫整整一天，嗓子也不会沙哑，这是他调和力强、和气醇厚的表现。

通晓调和的道理即叫作永恒不变的"常道"，能够通晓这永恒不变的"常道"之人即可称为"明智"之人；企图强行延长自身的寿命即为不吉，欲念主使了精气便叫作逞强。

随着事物渐趋强壮或是做出勉强之事，那么它就一定会展现出衰老、衰弱的走势，这样的行为就叫作不遵从于"道"。凡是不遵从"道"的一切事物都会迅速地迎来自身的灭亡。

【解说】

婴孩已处于悟得无为自然之"道"的境地了，在此章之前已经有文章探讨过这个话题（第十章、第二十章、第二十八章等）。与被世间智慧所污染、被世间欲望所毒害的大人们形成对比，不知污秽为何物的婴儿们，他们与"道"的姿态是非常接近的，所说的"复归于婴儿"，实际上就是说舍弃知识并忘却欲望，最终到达无心的境界；元气过剩或一逞强力等状态都是无法长存的。此章包含了"精之至也""和之至也"等描述婴儿生态的语句，实际上是以此来形容"含德之厚"的人们，是很著名的一章。

"含德"指的是含于内心的德行，即与闪耀于外部的可见之德（儒教之德）不同的内在德行。在河上公本中，"蜂虿虺蛇"记作"毒虫"二字，"虫"是生物的一种，与下文中的"猛兽""攫鸟"等形成对照，句型也更为齐整，因此"毒虫"二字的版本看似更好。但是在新出的帛书当中则是记录了与本书相同的"蜂虿虺蛇"四字，且下文句子中亦换成了"攫鸟猛兽"这样的四字形式，句型同样齐整。在存有如此异同的情况之下要决出高下实为困难之事，所以此章便依照底本的内容搁置于此了。婴儿之所以不会被猛兽、猛禽等生物袭击，是因为它们自身是非常无心的。"攫鸟"指的是拥有锋利脚爪的鸟类，例如鹰隼、鸷一类。

在不少版本的文章当中，"全"字被记作"峻"或者"朘"字，也有人质疑这里实际上是将"阴"字误记成了"全"字，应将其理解为"朘"的借字。"朘"指的便是婴儿的性器官。

"知和曰常"接上了"和之至也"一句，而承接了"知和曰常"一句的"知常曰明"实际上在第十六章中就已经出现过。"祥"原本是指吉凶的前兆，在这里则指的是妖祥、不祥的凶兆之意。"心使气"是指与第十章"专气致柔，能如婴儿乎"中"专气致柔"一句相反的对立面，意思是做事时若不能将精气集中、做到专一，那么精力就会分散，无法达到心中想要达到的目标。"物壮则老"以下的句子在第三十章中也出现过，意思是精力过于旺盛之物必会早衰，是一句非常著名的名言。

56. 知者不言（"玄同"之人）

知者不言，言者不知。

塞其兑，闭其门；挫其锐，解其纷*；和其光，同其尘*，是谓玄同。

故不可得而亲，不可得而疏；不可得而利，不可得而害；不可得而贵，不可得而贱。故为天下贵。

【译文】

真正聪明的智者不会多说话，而四处说个不停的人不会是真正聪明的智者。

真正聪明的智者会堵塞住自己的感官、知识的出入口，不露锋芒并且消除由这份锋芒所引起的纷争，收敛闪耀在外的光芒并且混同于这个尘世。这就叫作"玄同"——深奥且不可思议的"同一"。

达到"玄同"境界的人不会与人过度亲近，如此一来也不会有疏远等事发生；不注重予人以利益，如此一来也不会带给他人损害；不会追求世间尊贵的高位，这样便不会使自身落入卑贱的身份地位。正因为如此，他才成为了普天下最为尊贵的存在。

【解说】

此章的重点在于"和光同尘"的玄同。过于锋锐的利刃会早早衰落破损，过于光彩夺目之人容易成为他人的眼中钉。喋喋不休地卖弄自己的小智慧、小聪明，注重在人前展露自己多么地有教养，对于能够超脱出这样愚蠢的世俗行为之人，我们可以将他称为玄同之人。与此玄同处于同一世界的我等自身的姿态即是隐于现象深处的。没有突出之处，便没有什么可以牵制我。如此一来，即使有人想要随心所欲地控制我也无能为力。即便依靠外力也找不到下手之处，那种超然的姿态才称得上是世间至高无上的尊贵。

《庄子·天道篇》中也收录有"知者不言，言者不知"二句，与第四十三章的"不言之教"和第五章的"多言数穷"一样，我们可以看出《老子》对于语言的不信任感是贯穿全书的。真实之"道"是无法靠语言实现完整的具现化的，说到底，语言能够展现的只是一些皮毛之物，是能力非常有限的存在。

"塞其兑，闭其门"二句在第五十二章中出现过，"挫其锐"之后的"和光同尘"一句也早在第四章中就出现过，此章把这六句依音韵分为两句一组，将它们紧密联系在一起，最后以"是谓玄同"一句作为完整总结。"其锐"说的是被欲望勾引的耳目等感觉器官，"其门"则指的是知识与欲望的出入口。配合下文的"其锐"等句我们可以明白，别章中的每一个"其"都分别用来形容得道之人或一般的俗世，在此处则并没有那样清晰的指示词，不如说它们实际上是用来调整文章音调的助字。底本中"解其纷"的"纷"是记作"分"字的，此处是依照河上公本等修改而成。《庄子·胠箧篇》中亦记载了"玄同"一词。达到"玄同"的境地并非是指消去自身的存在，而是说随着自身的潜沉深入，最终能够做到消除对于一切事物的差别之心。不论是利害还是贵贱，从此都不再算是问题，完整又神秘的"同一世界"由此在眼前缓缓展开，在此之后，便能进入"道"的世界。依靠修行"和光同尘"，我等凡人想必也能够进入到这神秘的世界里去吧。

57. 以正治国（理想中的政治6）

以正治国，以奇用兵，以无事取天下。吾何以知其然哉？以此。

夫天下多忌讳，而民弥贫；民多利器，国家滋昏；民多智慧 *，邪事滋起；法令滋彰，盗贼多有。

故圣人云，我无为而民自化，我好静而民自正，我无事而民自富，我无欲而民自朴。

【译文】

治理国家要依仗正确之道，战争用兵要使用诡秘奇策，制霸于世界则要讲究无为，不做别具一格之事，顺应万事万物自己原本的样子才是最重要的。我如何得知是这种情形呢？且听下文。

说到底，世间令人心烦的禁令越多，人民越不能放开手脚自由行事，就会更加容易陷入贫困之境；人民手中拥有越多的便利道具，则国家越容易陷入混乱之中；人们的智慧技巧越多，邪风恶事就越会盛行；法令越是森严，盗贼反而会不断地增加。

因此，有道的圣人说了这样的话："我若是不做没必要的多余之事，坚持持守无为的立场，那么人民就会自我感化并化育成形；我若安于平静，那么人民则会自发变得正义；我若是不做出格的事，从不多此一举，那么人民就会自然而然地富足起来；如果我坚持做到无欲，那么人民就会自发、自然地回到纯朴的状态中去。"

【解说】

此章强调了"无为自然"的治理方式。"正"所代表的端正、正经与之后的"奇"巧诈术相互对立，但无法否认，不论哪一边都仍然还算是人们使用的招数、伎俩。想要做到将天下收入囊中，那么就必须要超越上述范围，首先做到真正的"无事"。早在第四十八章中就已经说过，"取天下常以无事"。《论语》中写道"政者，正也"，《孙子》中写道"兵者诡道也"，《老子》中也有"夫兵者不祥之器"一句（第三十一章）。关于邪门歪道、加上上述所提的"正"与"奇"等甚不可靠之事，在接下来的一章中也有探讨。

那么话说回来，我为什么会明白"无事"所带来的益处呢？那是因为我发现一个事实，使整个国家、社会陷入混乱的元凶正是这些琐碎、令人烦扰的禁令、法令。因此，圣人的政治讲究无为自然，依靠这种为政方式才能够做到撤去束缚、真正使人民生活在自由当中，过上自然朴素的丰盈营生。

在别章中也有着像"吾何以知其然哉？以此"这样的句型，然而除了此章之外，此句均是出现于文章的最后，是代表了总结之意的句子。"以此"的"此"指的是之前所叙述的事情，此章中则是代表了"如下文所述"之意。但是由于在帛书甲乙本中并没有收录"以此"二字，遵从帛书将此二字删去说不定才是更佳的做法。在底本与河上公本的记录当中，"民多智慧，邪事滋起"这两句是记作"人多伎巧，奇物滋起"的，此处则是依照傅奕古本与范氏本修改而成。"夫天下多忌讳"之后的句子说的均是一系列因果效应：过多的禁止条例会使人民陷入贫困之境，由此导致人们为了追求生活上的便利而对有用的道具心生向往，在小聪明、小智慧上面脑筋动个不停，则会导致天下恶事横生，法令等物越是繁多森严，则暗地里反而必定盗贼横行。为了约束、管理人们所做出来的作为一定会带来反效果，使得民众的恶念与日俱增，最后导致国家陷入混乱当中。"民多利器"的"利器"与第三十六章"国之利器，不可以示人"中的"利器"相同，可以参照之前的解释。

有人说，代表圣人之言的"我无为而民自化"之后的内容与第三十七章中"道"之"无为"的作用一说是互相关联的。"无为""无事"等，原本就是用于描述"道"之作用的用语，如此理解便很明了了。虽说此章中并未出现"道"字，但实际上说的就是以"道"为根本、以"道"为模范的行政方式，这一点不言而喻。如同第十九章中的"见素抱朴"和第二十八章中的"复归于朴"，此处的"朴"所指的就是到现在为止多次出现的"理想状态"，即没有被刻意加工过的自然、纯朴本身。

58. 其政闷闷（落落大方的为政）

其政闷闷，其民淳淳；其政察察，其民欠欠。

祸兮福之所倚，福兮祸之所伏。孰知其极。其无正邪[*]。正复为奇，善复为妖。人之迷，其日固久。

是以圣人，方而不割，廉而不刿，直而不肆，光而不耀。

【译文】

政治若浑昧宽厚，人民就会淳朴忠厚；政治若森严苛刻，人民就会变得狡黠。

若是发生了灾祸，那么幸福也会随后而来；如果幸福来临，其中实际上暗藏着灾祸。如此循环不爽，谁也无法参透究竟是福是祸，因为说到底，它们并没有一个明确的判定标准。端正的会忽然转变为歪邪的，善也可能会忽然转变为恶，虽说真相就隐藏于其中，然而自古以来人们都注意不到，并一直延续着自己的迷惑。如此一来，便能明白浑昧宽厚的政治究竟能带来什么益处了。

因此，悟得了"道"的圣人持守方正而不发出声音，持守廉洁而不以此伤害他人，持守直率而不咄咄逼人，持守知识的光辉而不使其闪耀于外、夺目刺眼。

【解说】

此章表明，"闷闷"的政治——朦胧不清却又宽厚的政治，即为善。我们可以认为，此章的主旨与之前"无事""无为"的政治之章是相同的。关于"福祸相转"以下的第二段文章，由于其出现而稍显连续性欠佳，因此有人认为应将第一段内容单独分离出来，归于前章；但此处还是希望大家能够将其理解为：为什么必须"其政闷闷"，其理由是依据世界的真相来说明和展现的。正如福与祸会互相转变一般，正与奇、善与妖之间的转变亦不会消失或停止，即便出于管理的目的而制定出琐碎又森严的法制系统，想要永远保持住完美的秩序仍旧是不可能的。所谓"闷闷"的政治，就是贯彻了世俗间一切对立面的根源性的法则，绝不会被对立面中的任何一方绊住，是拥有浑厚包容力的政治。圣人的执政方式即便持守方正也不会有破坏性，持守廉洁也不会伤害到任何人，不仅说明了"察察"的政治所没有说明的东西，亦表现出了单纯的片面性的政治所欠缺的东西。

"闷闷"是昏暗模糊的意思，义通愚钝。借助第二十章中的"俗人察察，我独闷闷"，我们可以看出它是与"察察"形成对立的词语。"欠欠"指的是不完美的欠缺之姿，与"淳淳"形成对照，是人们失去淳朴之后变得狡黠之意。

"祸兮福之所倚，福兮祸之所伏"描述的就是福祸之间的相互转换，是非常有名的句子。"祸福如纠绳"也是同一个意思，是说祸与福本就是重叠在一起的，如同由两根合为一根的绳子一样。一般来说，这句是作为关于人生的训诫，被理解为在逆境之中也不屈服，处于幸福之中也不要高兴地忘乎所以之意，此处则是释为福祸之间无法轻易参透的变幻法则。"其极"中的"极"是极端、边际之意。"其无正邪"中的"邪"字是参照范式本的内容之后才补上的，解作"难道它们没有一个明确的标准吗"的反问语气。看似是说它们之间并没有明确的法则或基准，实际上其转变、变幻之中是有实相的，因此才说"闷闷"的执政有着绝对的必要性。

"割"是割伤、弄破的意思，意指建立起正义的基准，并以此来区分善恶。"刿"是予以伤害的意思，"肆"则说的是放纵、肆意之意。与其将此处的"方""廉""直""光"等视作对圣人自身德行的描述，不如将其理解为圣人治理之下世间出现的现象更为妥当。"如果有方正出现……""如果有廉洁出现……"，是如此解释的。此章的"方而不割"与第四十章（旧第四十一章）中的"大方无隅"，"直而不肆"与第四十五章的"大直若屈"，"光而不耀"与第五十六章的"和光同尘"，每两句都各有各自之间的关联。

59. 治人事天（惜物之德）

治人事天，莫若啬。夫唯啬，是以早服*；早服，谓之重积德。重积德，则无不克。无不克，则莫知其极。莫知其极，可以有国。

有国之母，可以长久。是谓深根固柢，长生久视之道。

【译文】

在治理百姓与养护天地自然的问题上，拥有爱惜精神、不使万事万物被白白浪费是最为重要的。拥有了爱惜一切的精神能够使人撤去多余的欲望，因而可以早日做到遵从于"道"。若是能够早些遵从于"道"，那么就可以不断地积攒自身的"德"。随着"德"的不断积累，世间就没有什么是无法攻克、战胜的了。如果能够克服和战胜一切，那么他的能力就可以说是无限的。如果拥有了无限的能力，那么也就可以承担起维持国家安全的重任了。

为了维持国家安全的"母"——爱惜一切的精神——依靠此力，便可使国家得以长久存在下去。随着根扎得越来越深，国运就会越长久，这就叫作符合长久维持之道。

【解说】

虽然"啬"就是"吝啬"的"啬"，但比起将其解释成小气鬼，应当将其理解为节约不浪费、过着简朴日子的纯朴之意更为恰当。当然，这与前面提到过的"无事""闷闷"的政治皆有关联，意在避开过度华丽、积极的招数与事物，并非仅限于金钱、财货等物。不论做什么，万事都要小心谨慎地对待，学会惜物，不要将能量白白浪费掉——说的是这么一回事儿。文章最末的"长生久视"普遍被认为是与长生不老的神仙之术有所关联，如此解释也并非毫无道理，之前也写到过"物壮则老，谓之不道，不道早已"（第五十五章）。我们的生命也是同样的，若是经历了过度的燃烧，则必然会早早地迎来生命的尽头，这点是毋庸置疑的。

"天"指的是自然的摄理。《老子》中一说是指其说的是自然本身，另一方面也是指天地间的理法性，后者的情况下则可认为是一种拟人的表现手法。关于"啬",《晏子春秋·内篇》中曾写道"啬者君子之道，吝爱者小人之行也"，意思是"衡量钱财的多少而节约使用，富裕了不会选择将钱财大量地储蓄起来，陷入贫困了也不会去向人借贷，这就叫作'啬'。由此可见，此处绝非是单纯地意指一毛不拔的小气鬼。"是以早服"的"是以"在诸本中记作"是谓"，现今依照帛书乙本和《韩非子·解老篇》的引用内容修改而成。在第七十章之后有多处是与"夫唯啬，是以早服"的句法高度相似的。

"深根固柢"中的"柢"也是"根"的意思。"啬"字原本指的是对于谷物一类的贮藏之意，所以"柢"字便被认为形容的是植物的成长之状，如此一来二字的解释就互相对应上了。"长生久视"的"视"是活着的意思，在此意指生存。

60. 治大国（理想中的政治 7 ）

治大国，若烹小鲜。以道莅天下，其鬼不神。非其鬼不神，其神不伤人。非其神不伤人，圣人亦不伤人。夫两不相伤，故德交归焉。

【译文】

治理大国就如同烹煎小鱼一样，不去搅拌，什么都不做，保持"无为"的状态才是最好的。如果依照着"道"的姿态，以"无为"为准则来治理天下，那么鬼神就没有作用了。不仅鬼神无法作祟捣乱，它们亦无法以此加害于人。不仅它们无法加害于人，圣人的政治同样也是不会伤害到人的。说到底，不论是鬼神还是圣人，由于双方都不会给人带来伤害，所以人民可以全部享受到这份恩泽。

【解说】

"治大国，若烹小鲜"是一句非常著名的话。小鲜即小鱼，也就是说如果在烹煮小鱼的过程中不停地去搅拌它，那么鱼就会散掉——贸然出手毫无意义，静静地烹煮才是头等要领。国家的政治也是一样，作为大国，经常会如"察察"的政治（第五十八章）一般，制定出过于细致的法律条令，并时不时做出调整以统治人民。就仿佛鱼身散开一样，如此一来人民也会失去原本朴素的面貌，世界将陷入混乱之中，魑魅魍魉及暴乱盛行。圣人的政治遵从于无为自然的"道"，一切皆持守平静，即便鬼神也无法发挥出原有的威力。如此一来，人民不会被任何事物所挑拨、扰乱，就可以在不知不觉中接受着恩泽，得以平安地度过每一天。

"鬼"原本指的是死者的灵魂，其语义在此处被进一步扩大，也包括了在人类世界游荡的精灵一类。"其鬼不神"的

"不神"指的是无法发挥出神秘的力量，无法作祟或施以惩罚之意。对于"其神"也可以理解为相同的意思，但也有说法认为此二字是与"鬼"相对，意指旁的精灵、神灵，等等。

61. 大国者下流（大国应谦让）

大国者下流。天下之交，天下之牝。牝常以静胜牡，以静为下。

故大国以下小国，则取小国，小国以下大国，则取大国。故或下以取，或下而取。大国不过欲兼畜人，小国不过欲入事人。夫两者，各得其所欲，大者宜为下。

【译文】

何谓大国？大国就要像江河的下游一样，是普天下的百川交汇之处，处在天下雌柔的地位。由于雌柔常持守于安静稳定，所以能够胜过雄强；大国若是能够同样居于柔下，则能称得上是真正的谦逊。

所以，大国若是对小国予以谦逊忍让，就可以取得小国的信任和依赖；小国若是对大国谦逊忍让，则可以获得大国的庇护。换句话说，谦逊可以使得他国臣服于我国，另一方面则能保证自己国家的安全。然而，大国之所以如此做，是因为想要获得他国的配合，以此养育自己的国家；小国之所以如此，则是为了躲于大国的荫庇下，以此获得自己国家的安全保障。所以说不论是大国还是小国，双方若是想要实现各取所需这一心愿，谦逊忍让是非常重要且必要的；由于大国是如同江河下游一般的存在，则更应该恪守谦下忍让之道。

【解说】

此章强调，如果想要国与国之间的关系达成一个圆满的平和状态，那么必须要依靠互相忍让的谦下之德——尤其是大国，更要做到无为、清静以表谦逊。谦下之德在第八章中就已提到过，正如"上善若水"，颂扬其能够流向众人皆恶的低处；不光在第八章中有所体现，在之后的第六十六章中也提到，正因为其"善下"，所以才能够成为江海百谷之工。当然，所谓的谦下并不是指刻意摆出卑屈的姿态，这种忍让只会惹人嫌弃；《老子》正是在训诫人们不要去做这样的事情。忍让谦下的本义即存于无为、自然的静谧之中，或者说它存于被称为"雌"的女性的柔弱当中。正如之前提到过的"静为躁（动）君"（第二十六章）与"柔弱胜刚强"（第三十六章），我们可以得知谦下与成功之间互相关联，有着很深的因果关系。此章还特别强调了大国应当采取的做法，一般来说，以大国之力来压迫小国是在现实当中较为常见的现象，而为了真正实现世界和平，大国必须要把持住谦逊的态度。

"天下之交"一句，王弼的注解将其释为"天下一切的回归汇总之处"。"取小国""取大国"则是说小国大国各自取得了对方的信赖，因而得以交好之意；也有人认为应将其分开探讨，应在"大国"之前补上一个"于"字，理解为"取小国"与"被大国取"之意。"或下以取，或下而取"也是相同的，由于"以"与"而"是通用语，所以此二句实则是重复的句型，导致语义较难理解；因此此处将其作为承接前文语义的句子，对其进行了适当的添补。另外，有的文本当中"取"字被改为"聚"字，此二字是可以互相通用的。若是按照"聚"为原本内容来解，则会被读作"聚小国""聚于大国"，等等。

62. 道者万物之奥（"道"的姿态 4）

道者万物之奥，善人之宝，不善人之所保。美言可以市尊，美行可以加人[*]。人之不善，何弃之有。

故立天子，置三公，虽有拱璧以先驷马，不如坐进此道。

古之所以贵此道者何？不曰求以得[*]，有罪以免耶。故为天下贵。

【译文】

包容着世间万物的根源，即为"道"。它是善良之人坚定持守的极珍贵的宝物，不善之人同样也是受它庇护。依靠美好的言辞可以换来他人给予的高位与尊重，依靠良好的行为可以得到他人的欣赏与重视，所以对于不善之人来说，亦是无法舍弃的东西。

因此古时在天子即位、三公就任的时候，虽然会以四匹马驾的马车携贵重的璧玉奉上，其实还不如静静地将"道"进献给他们更为妥当。

究竟什么原因使得自古以来人们都把"道"看得这样宝贵呢？不正是因为若是求得它的庇护便能入手所追求的东西、犯了过错也可以因此得到宽恕吗？因此人们才将其认作世间最为珍贵的东西啊。

【解说】

"道"孕育出万物，参透万物最深处的根本并使得万物能够得以如此生存，因此，它是一切的根源。不论"善人"还是"不善之人"，没有什么事物不是从此"道"衍生出来的。若是符合于"道"，即便是对于世俗的追求也通通可以如愿以偿，正所谓"若是能够得到所追求的东西，犯下过错也可得到宽恕"；由此可见，"道"才是这个世界最为贵重的东西，即"故为天下贵"。类似的语句在第五十六章中也出现过，在那一章中被称为超越了现象的"玄同"之境，表现了与"道"本身合为一体之境界的重要性。本章则与此相对，从世俗的立场表现出了"道"的贵重之处。

"美行"的"美"字在诸本中均没有被收录，此处依据《淮南子》的引文与俞樾之说增补而成。也有说法称应将"市"字删掉写作"尊行"，但如此一来不论是句型还是音韵都乱了套，并且语意也不通顺了。"美言""美行"指的是世俗的虚饰（参照第八十一章），虽说它们是与"道"的观念最为遥远的东西，但即便如此，仍然具有一定的世俗意味上的效果。"市"是市场，说的是买卖的意思，在此处代表得以入手尊位一事。"人之不善"所说的舍弃一事在第四十九章"不善者，吾亦善之"一句中也可见到，第二十七章也有"是以圣人常善救人，故无弃人""善人者不善人之师，不善者善人之资"等相关记载。从"道"的立场来看的话，若要说善与不善之间的差别是什么，只不过是外表上的形与名上的差别罢了。

"三公"指的是太师、太傅、太保，是侍奉天子之人当中的最高职位。"拱璧"的"拱"指的是双手奉上，此处意指尊贵的大事。"璧"是圆润的环状硬玉，普遍用于仪式当中。"驷马"则是由四匹马驱驾的马车与马。

"求以得"一句在底本中是记作"以求得"的，与本章的语序有些许不同，此处则是依据傅奕古本及其他版本的文本将其修改而成，与下一句的"以免"对应更佳。"以"就是凭借"道"的意思。不善之人即便犯下罪过，若是遵从于"道"，那么便还有修正歧途、回归于善的可能性。

63. 为无为（于"无为"的实践 1）

为无为，事无事，味无味。

大小多少，报怨以德。

图难于其易，为大于其细。天下难事，必作于易，天下大事，必作于细。是以圣人，终不为大，故能成其大。

夫轻诺必寡信，多易必多难。是以圣人犹难之，故终无难矣。

【译文】

以无为的态度去有所作为，以不滋事的方法去处理事情，将恬淡无味当作有味。

将小事当作大事一般去珍惜，将少量当作大量一般慎重对待，对有怨的事情抱以受恩的态度。

处理有难度的事情要在其还较为容易处理的时候就开始思量，面对大问题则要趁其事态还小的时候便开始着手处理。世间的难事一定都是由容易处理的小事引起的，天下大事也都是由小事件引起的。因此，圣人决不会贪图做成大事，正因如此他才能够做成大事。

说到底，那些轻易就许下诺言，将信义轻予他人的，必定很少能够真的兑现其诺言，要遭受不少困难。所以，圣人总是会将事情看作是困难之事，因此对他来说反而也就没有什么困难可言了。

【解说】

此章亲切地展示了具体应当如何实践"无为"。"为无为"与"事无事"等句看似是互相矛盾的话，这份困难也是不难想象的；但是若不以这样令人深思的矛盾话语、这种逆说的言论来探讨《老子》对此的看法，是无法表现出他理想中的实践方法的。"无为"与"无事"等句并非像其字面意思一般，代表着什么都不做、不涉足于任何事情。看上去像是什么都不做，实际上则是完成了一切事情；看似什么事情都没有，实际上则是将一切事情准备周全；按照这样的基准去办事，就是我们应当做的事情。不被明显的形束缚，也不刻意留下自己做过贡献的痕迹，虽然以这样的方式来处理万事即等于是对于"无为"的实践，那么究竟怎样才算是将其完成了呢？

"是以圣人，终不为大"，便是这个问题的答案。当事态变得困难、问题变得严重，那么便无论如何也要花费很大力气来解决了；其实应当在事情整体还比较容易对付的时候就能够预测到其最终会发展成上述的那种严重事态，并以不张扬的手段将其默默解决掉，这才是最应当采用的稳妥做法。同时还要注意，对于一切事物，都必须要以谨慎的态度去面对，尤其是碰到轻率的承诺时，对于这种事情的进展更要打起精神慎之再慎。"圣人犹难之"抱有的就是这样的一种期望，说的是一种将万事看作困难来思考的谨慎态度。

此章的"无味"与第三十五章"道之出口，淡乎其无味"中的"无味"是相同的。五味所带来的害处在第十二章中已经有过阐述，这便是超越了五味之一的"道"之味。

关于"大小多少"的解读方式存在着不少异说，将其理解为把小事当作大事考虑，少量当作大量考虑，对于万事都应该当作是至关重大的事情来处理，将此句当作关于处世方面的慎重之训来看是最为妥当的解读方式。"报怨以德"一句说的是对于充满怨恨的纠纷应当抱以谨慎的态度，并尽量避开这等事情。

"天下难事，必作于易，天下大事，必作于细（小）"与"夫轻诺必寡信，多易必多难"两句以其洞察现实的含义闻名于世，并且将此章与下一章的内容紧密地联系在了一起。

64. 其安易持（于"无为"的实践2）

其安易持，其未兆易谋。其脆易泮，其微易散。为之于未有，治之于未乱。

合抱之木，生于毫末；九层之台，起于累土；千里之行，始于足下。为者败之，执者失之。是以圣人，无为故无败，无执故无失。

民之从事，常于几成而败之。慎终如始，则无败事。是以圣人，欲不欲，不贵难得之货。学不学，复众人之所过。以辅万物之自然，而不敢为。

【译文】

在局面安定的时候，想要维持住这个局面是比较容易的。在事情没有出现改变的迹象的时候，想要处理起来也是较容易的。事物脆弱的时候想要使其消解并不是难事，事物细微的时候便容易消失。所以说，要在问题还没表现出来的时候就予以处理，要在祸乱产生以前就开始注重维持秩序。

合抱的大树源于细小的萌芽，九层的高台是由每一捧泥土的积攒而筑起来的，千里的远行是从迈出脚的第一步开始一步一步走出来的。如果不将目光锁定在这类微妙的起始上，那么事态就会进一步展开，甚至发展至破坏性的局面；若是想要执着地强行抓住某些事物，则终究会失去它。因此，圣人的无所作为使他不会招致失败，其无所执着则使自己不会失去也不遭受损害。

人们在做事情的时候，总是会在快要完成的时候失败。所以即便是在事情快要完成的时候也要像刚刚开始着手时一样慎重，然而在欲望和知识的牵绊之下，人们总是会在慎重方面有所欠缺。因此圣人祈祷人民不被勾起欲望，不稀罕难以得到的珍宝，教导人们不要勤学，将追求知识的大众拉回最根本的原点——就这样遵循着万物的自然本性，而决不会妄加干涉，做出多余的行为。

【解说】

此章与前章一样，都是训诫人们要在事情变得严重之前就从细微之处着手处理，这样才有将"无为"付诸实践的可能性。事态之所以会发展到需要使用严厉措施的地步，或者明明就要成功了结果却失败了，皆是因为人们或被欲望缠绕或被知识吸引，才会变成这样的。所以圣人宣扬不欲不学，选择顺从世间万物最原始的样子。然而通篇读下来可以看出，文章内容之间的连续性略显欠佳。比如说"为者败之，执者失之"这两句与前面的"合抱之木"一段之间的衔接就比较生硬，"民之从事"以下的内容同样也与上文衔接不佳。现今为使语意读起来更为通顺，此处将"为者败之"二句补充成如第二十九章中重复出现过的内容一般，将二句合起来结成一句了。

"其脆易泮"的"脆"表示柔软脆弱之意，"泮"解作溶解，如同固态的冰溶为液态的水一样。"为之于未有……"一段与前一章的"图难于其易……"一段表述的是相同的主旨。

"合抱"指的是用两臂环抱住的意思，此处用于形容粗壮的大树。"毫末"说的是兽类细毛的尖端处，在这里代指微小的东西。"累土"的"累"是堆积的意思，在这里说的是堆积起来的少量的土。《荀子》的《勤学篇》中写道"积土成山""积水成渊"，但其表示的是"不积小流，无以成江海"，主旨在于推荐、劝导人们勤学，是具有儒家特色的说辞。《老子》中虽然也有相同的话语，实际上则是与"无为""无执"等概念联系在了一起。

"不贵难得之货"一句早在第三章中就已经出现，想要表达的是如此一来人民就不会再做出偷盗之事；并且为了使得人民变得"无知无欲"而将其与"不尚贤""不见可欲"等句放置于同等位置，可见老子的思维中认为人民会因为知识与欲望等物而做出更为出格的行为，也会为此而招致失败。"以辅万物之自然"中的"自然"指的是世间万物最原始的姿态。看似是说为了助其成长，我们需要做出什么可以做出贡献的作为，实则并非如此。相反，他想说的是让人们不要出手干涉，不要去打扰万物自身自然而然的生长，这才是真正的"辅"之意。在老子所说的政治中，这便是其应有的无为之姿的一面。

65. 古之善为道者（舍弃智巧的为政）

古之善为道者，非以明民，将以愚之。民之难治，以其智多。故以智治国，国之贼；不以智治国，国之福。知此两者，亦稽式。常知稽式，是谓玄德。玄德深矣，远矣。与物反矣，然后乃至大顺。

【译文】

古时善于修"道"之人不会教导人们知晓智巧变得聪明，反而会使人们变得淳良朴实。人民之所以难于治理，正是因为他们拥有了太多的智巧心机。所以说，治理国家时若是尊智巧为贵，那便是在危害这个国家；治理国家时不以智巧为尊，对于国家来说才是真正的幸福之举。不论是予以危害还是带来幸福，能够了解这两种治国方式的差别之处，才是政治上真正应当遵循的法则。不论何时都能将这个法则铭记于心并坚定持守"无知"的立场，这就叫作玄德，是一种不可思议的能力。"玄德"深不见底又广无边际，并且与世间万物一同复归于最根本的源头，然后才能做到极大地顺从自然，使自身随着伟大的自然波动一同流淌下去。

【解说】

这是对愚民政治直言不讳的一章。特别是"民之难治，以其智多"，听上去完全就像是从封建君主的角度表达出的独善之词；此章的主旨自古以来一直都被如此解读，亦是无法辩驳的事实。但有一点很重要：这些其实是知晓了智巧的有害之处后将其点明的语句。智巧会勾出人们的欲望，而欲望又会进一步打磨智巧，虽说人类的文明就是依靠这些一点一滴构筑起来的，然而得以扩展的真的是人们的幸福吗？受到文化的恩惠后所发展出来的，难道不是新的困难、巨大的不幸等更大的缺口吗？应该舍弃这些无用的智巧才是啊。真正的智慧必须是超越了世俗观念的真实明知，之前所说的"使人民变得淳厚朴实"才是真正意义上接近了明知，依照王弼的注解来说则是"'愚'就是无知，是守真且遵从自然之意"。阐明智巧之害的语句有"慧智出，有大伪"（第十八章）与"绝圣弃智，民利百倍"（第十九章）等，至今为止已有多处出现。只有舍弃掉世俗的智慧，真实之"道"才会得以显现，然后才能使天地自然间自发地合并持守于"大顺"的立场。不以智巧为贵的政治才是符合于"道"的政治，亦可以说是遵守且合乎天地自然法则的政治。

"稽式"二字代表的是法则的意思。虽说"是谓玄德"一句在第十章、第五十一章中也能看到，但那承接了"生而不有"等内容，与此处所表达的意思有所不同。《庄子·天地篇》的第八节与此处关联颇深，与天地完美合一并使人愚钝昏昧，此类内容与"是谓玄德，同乎大顺"紧密联系在一起，与《老子》本章相同，认为无知的状态才是顺应天地自然流程的境地。虽然可以将"与物反矣"理解为"反对且对立于追求智巧的世俗世界"（如第七十八章"正言若反"），但此处还是将其与第二十五章中"大曰逝，逝曰远，远曰反"所提到的"道"之作用进行关联来做出解释要更好一些。王弼对此注为"反真"，如此一来，就变成了复归于本源之意。不论是哪种解释，都与复归的思想有着不浅的联系。"大顺"的意思是完美、完全地顺应于某事物，此处意指顺应为"道"的作用，即天地自然间的自然形态。只有将"无知"贯彻于自身，才能够真正实现与"道"的完全合一。

66. 江海所以能为百谷王者（政治家应当谦虚）

江海之所以能为百谷王者，以其善下之，故能为百谷王。是以欲上民，必以言下之；欲先民，必以身后之。

是以圣人，处上而民不重，处前而民不害。是以天下乐推而不厌。以其不争，故天下莫能与之争。

【译文】

大江与海洋之所以能够成为上百河川所汇注的地方，乃是因为它善于处在谦卑低下之地，所以能够成为百川之王。因此，身为统治者若想要立于人民之上，就必须要用言语来对人民表示谦下；身为指导者，若想要领导人民，就必须要控制住自己，把自身的利益放在人民之后。

所以，圣人即便身处于统治者这等高位，也不会使人民感受到沉重的负担；虽然作为领导者居于人民之前，却不会使人民感到受害或妨碍。因此，普天下的人民都乐于推崇、爱戴他，且不会感到厌倦。正因为圣人从不会做出与人相争之事，所以普天下没有人能和他相争。

【解说】

政治家们一边说着自己是人民的公仆，一边却又摆出一副统治世界的姿态，这样是非常碍眼的。面对这些身居高位、手握权力且示威于世的执政者们，老子再三地强调着谦下与不争之德。无论如何也一定要做到真正的谦虚，决不能仗着自己的威势与权力去与人相争，只有这样，民众才不会觉得受到妨害，也只有这样才能够保证政治家自身的地位能够一直保持下去。

　　将"江海"比作"百谷之王"这般汇集一切的下游等句子早在第八章中就已出现过，与水的德行联系在一起。"上善若水"说到水向低处流，因为其毫不抵抗且不争不抢的这个特性，所以将其赞为"故几于道"。此章通过叙述水的谦下不争之德，着重描述了执政者应当遵循的典范模样，指明最理想的就是与"道"合为一体的圣人的姿态。第六十一章中写道"大国者下流"，讲述了对于国际政治的问题来说谦下究竟多么有必要，此处则是训诫位居高位且手握实权的执政者们，明晰地提出了他们应有的姿态与做法。

　　在老子看来，无论是对于个人处世乃至世界的政治，在各种不同的局面中，谦下与不争之德永远都是应该受到重视的德行。

67. 天下皆谓（三宝之德）

　　天下皆谓我大似不肖 *。夫唯大，故似不肖。若肖，久矣其细也夫。

　　我有三宝，持而保之。一曰慈，二曰俭，三曰不敢为天下先。慈故能勇，俭故能广，不敢为天下先，故能成器长。今舍慈且勇，舍俭且广，舍后且先，死矣。

夫慈，以战则胜，以守则固。天将救之，以慈卫之。

【译文】

天下任何人都说我很伟大却也很愚笨。其实不如说正是因为这份伟大，所以看上去才显得很愚笨。如果看上去就像个普通人的话，那么在很久以前就会显得很渺小了。

我有三件重要的法宝，并坚持保守它们。第一件叫作慈爱，第二件叫作俭啬，第三件则是绝不使自己立于世界的顶端。正因为持守于柔慈，所以才能使得天下人心服，因而变得勇敢；正因为持守于俭啬，所以才能够有所富余，得以悠闲、宽绰度日；正因为从不居于天下人之先，所以能使各路人才愿意倾力协助于我，得以居于首长之位。现今若为了追求勇敢而丢弃柔慈，为了追求宽绰而舍弃俭啬，为了得到首席而放弃退让，那么结局只有死路一条。

说到底，慈爱可以使人获得人民的信赖与敬仰，以此征战就能够取得胜利，用于守备则能坚守。天若是要援助谁，那么便会用柔慈来保护这个人。

【解说】

文章开头的"我"可能是老子从自身出发，提到世间对于自身的评价，还说明了老子自己当作宝物一般守护的三种德。

"慈"通柔弱，"俭"通"啬"（第五十九章），"不敢为天下先"与第七章的"是以圣人，后其身而身先"相通；不论哪样都是老子至今为止已经强调过的主张。当然，此处所说的"三宝"在战国时代残酷的社会竞争当中一般都是被否认其价值的存在，但正因如此，老子才主张要将其视作"宝"来对待。若从俗人的立场来看，恐怕更愿意坦诚、直率地追求勇敢、宽绰与先位，然而如此一来只会迎来失败，甚至丢掉性命。"我"作为世俗的对立面，在第二十章中有着深刻的相关描述。凭借着与俗人相反的做法，反而能够得到俗人所追求的梦想事物，并且若是持守于慈爱，那么上天也会以慈爱的方式来予以庇护，此章明确且强烈地阐述了实践"三宝"的意义。

在底本的记录中，"天下皆谓我"的"我"字后面还另有一个"道"字，由此可以得知此章所讲述的内容实则与"道"有关，此处依照傅奕本与河上公本等不同版本的内容选择将"道"字去掉了。在帛书的记录中也是没有"道"字的。此章与第二十章相同，均是从"我"的立场出发并发出了明确的宣言。"不肖"包含不相似之物、愚笨之物的意思，第二十章中写到过"我愚人之心也哉""俗人昭昭，我独昏昏"等句。"细"是小的意思。

"三宝"是有名的佛教用语，在佛教中指的是佛、法、僧，原本是以《老子》这句话当作释语而被应用的。

　　"故能成器长"的"器"指的是工具，在此则指代各类工作中能够做出贡献的人才，或顶尖人才之意。与第二十八章的"朴散则为器，圣人用之则为官长"有相通之处。

　　在帛书甲乙两本之中，都是将第八十章和第八十一章两章放于此章之前的。若是遵从于此，此章便算作是第六十九章，并就这样延续下去了；然而帛书的顺序并不见得比现今的顺序更好，所以就遵从于文本现存的模样了。

68. 善为士者（兵法之不争）

　　善为士者不武，善战者不怒，善胜敌者不与。善用人者为之下。是谓不争之德，是谓用人之力，是谓配天。古之极。

【译文】

　　优秀的武士不会夸显自己的勇猛，优秀的战士不会轻易被激怒。善于战胜敌人之人不会与敌人发生正面冲突，善于用人之人则会一直对人表示谦下。这叫作"不与人相争之德"，"运用他人的能力"，"符合自然的道理"，皆是自古以来便存在的法则。

【解说】

　　《孙子》中一语道破，"百战百胜，非善之善者也"，它与

"不战而屈人之兵，善之善者也"一样，是非常有名的兵法之句，并且与《老子》所提的"不争之德"有着相通之处。"不争"就如同第八章中阐述的水之德那样，与无为、柔弱相关联，虽说在第二十三章（旧第二十二章）等好几处都能看到相关内容，此处则是作为与斗争的场合、军事方面相关的言论而被再三强调，可以说是一则讲述了战略至战术原则的兵法之言。不要过度显露出自己的勇武，不要随着愤怒之情行事，不要展现出露骨的敌对之意，要善于运用他人的能力；若是能够凭借"不争之德"，以它为中心，那么这些都是有可能做到的。如此一来即为符合于天道自然了，这是自古以来便存在的正确法则。

"不与"的字面意思是不扯上任何关系，在这里则是指面对敌人时不要将关系发展为对立，也就是说，避免正面的冲突才是最佳的胜利手段。文章最后的"是为配天，古之极"两句比较难解，异说很多。有的说它们其实是一句，应当读作"是谓配天古之极"，有的说应当将"古"字去掉读作"是谓配天之极"；但还是把二句分开，将"古之极"本身视作一句要更好一些。"极"是法则的意思。自古以来，《诗经》中就有着"配天"一说，在《庄子》中也可见到。"配"即符合的意思，与第七十三章中写的"天之道不争而善胜"相通，说的是符合天道之意。

69. 用兵有言（兵法之守势）

用兵有言，吾不敢为主而为客，不敢进寸而退尺。是谓行无行，攘无臂，执无兵[*]，扔无敌。

祸莫大于轻敌，轻敌几丧吾宝。故抗兵相如[*]，哀者胜矣。

【译文】

关于战争，曾有人这样说过："绝不要使我方成为挑战者，主动进犯，而是要成为应战的一方，采取守势；哪怕只有一点，也绝不要做出主动出击之事，不如说宁可向后退一大步才对。"这就叫作虽然有行军的阵势，却不向前迈步；虽然要奋然举臂，却不会出手；虽然面临敌人，却仿佛没有对手一般；虽然手握兵器，却像没有武器一样。

最大的祸患就是轻敌，再没有比这个更严重的了。若是轻敌了，则会使我等的宝物——慈爱、俭啬、谦让所统称的"三宝"——尽然全失。所以说，当兵力相当的双方对阵的时候，能够抱有慈爱之心并为这样的事态感到悲痛的一方才可以获得胜利。

【解说】

此章延续了前一章的内容，继续阐述着关于兵法的言论。

不光与前文所提的"不争"之论有所关联，同样还提到了之前说过的"三宝"。有关用兵之言的两句与前文的"不敢为天下先"有着直接的联系，不仅包含了谦退之意，也有慈爱和俭啬在里面。并且，若是能够做到坚守"三宝"，不论是在行军中还是奋力振臂，都不会被明显的形式所束缚，因此假若不知前进的道路，也不能看见伸出的手臂，如此便能够成为强力的军队。过于相信自己的力量而傲慢地面对敌人，这样做是背离"三宝"之德的，这从前就是毋庸置疑的一点。

"主"与"客"分别代表了持有主动性的攻势与更为被动的守势，"寸"与"尺"是丈量长度用的单位，尺的长度是寸的十倍。"执无兵"和"扔无敌"两句在文章中的顺序原本是相反的，此处依据帛书与傅奕古本等他本内容将其修改成这样。此章的隔句皆有间韵，由此可见，此文古时的形态便是如此。

从文章特地将"宝"写成"吾宝"看来，我们可以得知其意指"特别的宝物"。虽然对此也存在着异说，但将其看作第六十七章中提到过的"三宝"就很顺当了。另外，"三宝"一章末尾处的"夫慈以战则胜，以守则固"是有关军事方面的言论，有说法认为由于从开始一直到此章皆是在讲解兵法，所以这三章实则应当纳于一章（武内义雄博士说）。在底本与河上公本中，"故抗兵相如"的"如"字是记作"加"字的，实际上这是一个因为字形相近而导致的错误之处。"若"和"如"

二字是可相互通用的，在帛书与傅奕本的记录中便是记作"若"字。"相如"是彼此相等的意思。"哀者"与第三十一章的"杀人之众，以悲哀泣之，战胜，以丧礼处之"相关联，因为悲哀是"三宝"之一慈爱的体现。"夫慈以战则胜"便是从"慈故能勇"得出来的理论（第六十七章）。有人认为《老子》一书中的所有文章皆与兵法有所关联（唐代王真说），这样说来有些过了；此书重视历代一切兵法家，并参考了他们的言论，这才是事实。

70. 吾言甚易知（知我者无）

吾言甚易知，甚易行。天下莫能知，莫能行。言有宗，事有君。夫唯无知，是以不我知。知我者希，则我贵矣。是以圣人被褐怀玉。

【译文】

虽然我的话语很容易理解，也很容易实行，但是普天下竟没有人可以理解，也没有人能够将其实行。我的言论有中心主旨，行事也有要领和根据；正因为人们无法理解这个道理，所以才无法理解我。普天之下几乎无人能理解我，也就说明我是很高贵的存在。因此，圣人总是穿着粗糙简陋的服装，怀中却揣着宝玉。单从外表来看的话，是无法看出他的高贵的。

【解说】

　　我用于描述真理的话语明明是那么明白易懂，然而却不被任何人所理解，更不用说实践起来是多么困难了。无论怎么说，世俗的人们都无法理解，我不知究竟是该感到悲伤，还是该感到愤怒。不如说，正因我所说的是俗人无法接受、明白的事实，恰恰证明了我是超越世俗的高贵存在，可以视作是已与"道"合为一体的圣人。表面是谁也无法明白其稀奇之处的粗陋姿态，实际上内在里却具有高贵的东西；因此而感叹：俗人们的理解实在是不必要的。之前就已说过，俗人在听闻"道"之后会哈哈大笑，但他们若是不发出嘲笑的话便无法证明"道"的价值了（第四十章[旧第四十一章]）。尤其是在第二十章中，作为不注视真实之象的世俗的对立面，老子高调地发出了自己的独白。

　　关于"言有宗，事有君"二句，有说辞认为其与上下文的连续性很是欠佳，应当将其除去，此处则释为承接了上文"吾言""吾事"等语之意而将其留下。将"吾言""吾事"解释为一切语言、一切事物是较为常见的说法。"宗"是本宗、本源之意。

　　"夫唯无知"中的"无知"承接的是上文"天下莫能知"

的语意，因此与第三章或第十章等文中作为理想状态理解的"无知"是不一样的。虽然知识的作用一般来说是被予以否定的，但正如"能知古始"（第十四章）、"知常曰明"（第十六章）等内容所述，我们可以得知作为能够洞察真理的"明知"，其作用诚然还是被期待的。

"褐"指的是用粗劣的兽毛或麻制的粗布制成的衣服。上流人士所穿的衣服是用绢布或麻制的细布制成的，与其相对，"褐"代表的是身份低微之人身着的衣服。"被褐怀玉"与《中庸》的"衣锦尚（加）绚（轻薄的单衣）"可以说是同义的名句，均说的是将自身的真实价值隐秘于怀中，不要轻薄地将其展露于外之意。这里的意思与其相关联，说的是在一般的情况下，贵重之物的贵重之处对于别人来说是较难理解、弄清的。

71. 知不知（勿自以为知晓）

知不知上。不知知病。（夫唯病病，是以不病。*）圣人不病，以其病病，是以不病。

【译文】

即便自己已经相当明了，也要做出还有所不知的思量，这才称得上是最高明的。明明就不知道，还要摆出知道的样子，可以说这是作为人的缺点了（说到底，如果能够对自己的缺点和短板有所认知、自觉，那么也就不会称得上是缺点了）。圣人之所以没有缺点，正是因为他明白自己是有缺点的，所以才能说他是没有缺点的。

【解说】

　　知道的事情就是知道，不知道的就是不知道，这才是合理主义的原则。《论语》中写道，"知之为知之，不知为不知，是知也"，《老子》中说的话虽然看上去与其相似，实际上并不相同，主张的是要把已知当作未知。与此相比，单纯地将已知认作已知的合理主义实在是稍微浅薄了一些。隐藏于现象深处的"道"并不是作为日常中的"知"而被追求的；以为自己已经明白了，这份自以为是便已经算是一个陷阱了。究竟是否真的能够说出自己是真正的明了，这种自以为明白的思维是非常有必要再三吟味、予以怀疑的，这也是舍弃智巧、洗涤自身的过程之一。如此一来，在最终达到"道"、悟得"道"并与"道"合一的瞬间，便已经从无所不知、无所不晓的境界当中挣脱了吧。若问为什么的话，那是因为一旦仅局限于自己的所闻所知，则外界一定存在着自己所不知道的世界，这样并不是真正达到了"道"的境界。

文章中间的"夫唯病病，是以不病"二句与之后"圣人"以下的内容语意重复了；在道藏本、碑石本的记录中是没有这两句的，帛书甲乙本中也都没有，因此这大概是混入了古代的注释吧。虽然将其夹在了括号之中，但实际上将其从文中删去可能要更加妥当一些。

"病"是难的意思，意指短板、缺点。

72. 民不畏威（勿压迫人民）

民不畏威，则大威至。

无狎其所居，无厌其所生。夫唯不厌，是以不厌。

是以圣人，自知不自见，自爱不自贵。故去彼取此。

【译文】

当人民不再畏惧上级统治者的威压，便是世间大乱、天罚到来的时候了。

所以说不要弄得人民没有安居之所，不要去对人民的谋生之路施以压迫。说到底，正因为作为上层而不去压迫人民，才不会受到人民施加的压力。

因此，圣人不但具备自知之明，而且不会去炫耀或自我表现；圣人珍爱自身，即便身处于人民之上也不会去耀武扬威。

所以要舍弃夸显自己威势、依赖于严厉刑罚的行政方式，有自知之明且珍重自身的无为政治才是可取的。

【解说】

君主若是对人民施以威势、压迫，只依靠刑法来统治人民，这样的统治方式是有破绽的，是终将要失败的。若是长期这么做，则人民便会不再畏惧上级统治者的威势，也不再畏惧刑罚，终将会惹来反叛、叛乱等严重的天罚。因此，执政者万万不可去强行压迫人民的生活，而是应该学习圣人，不去夸示自己或自显高贵。这与第十七章中所说相同，皆是在表达对于使人们感到恐惧的政治的贬低与蔑视。也就是反对法家视作自己力量的严罚主义的政治，期待着没有执政者的威压、无为自然的政治。

"威"是威令、严罚的意思，也可以指威势、威望。此处意指基于政治权力而产生的威压。"大威"是比君主的威压还要更大的压力、天罚等，此处意指能够颠覆国家的人民反抗斗争。

"狎"在河上公本中记作"狭"，即如字面意思，指压迫、逼迫。马叙伦认为此二字是可以互相通用的，原本的本字则是"柙"，代表了被关住、被困住的意思。"狎"原本是亲近而态度不庄重的意思，若以此理解带入原文则语义不通。"厌"是"压"的借字，也有人将其解释为满足的意思。还有解释称

"夫唯不厌"之句与"厌"的解读方式有所关联。

此章的"自知"与第三十三章"知人者智，自知者明"中所提到的明知是相同的，并非是能够向外扩散的一般的"知"，而是自发集中于自身，并能够洞察自身内里的睿智。"不自见"与第二十三章（旧第二十二章）中的"不自见故明"、第二十二章（旧第二十四章）中的"自见者不明"相同，意思是自发地想要使自己引人注目或是刻意地想要给人留下印象，这种行为只会收获反效果，是非常愚蠢的事情，圣人是不会这么做的。"去彼取此"一句在第十二章和第三十八章中也出现过。说到"彼"与"此"的内容，依照河上公本的注释，"彼"指的是自见、自贵，"此"则说的是自知、自爱，从文章的构成来看如此释义是非常顺当的。自见、自贵与基于威令、威压的政治是有着相通之处的，这点自不必说明。

73. 勇于敢则杀（何谓天意 1）

勇于敢则杀，勇于不敢则活。此两者，或利或害。天之所恶，孰知其故。（是以圣人犹难之*。）

天之道，不争而善胜，不言而善应，不召而自来，繟然而善谋。天网恢恢，疏而不失。

【译文】

审判者若是非常果敢、不假思索地做出决断，那么罪人将会被杀死。若是不轻易下决断、勇于做出保留之事，那么罪人就能得以存活下去。对于审判者来说，这两种不同的勇敢果断各自有着各自的利与害。然而，若说到此裁决被天所厌恶，其理由是谁也不知道的，自然与利害、打算等事是毫无关系的。（因此，即便对于圣人来说，这也是很难弄清楚的事情。）

天之道，即自然的规律，是不去争而能善于取胜，不言语而善于回应、应承，不需要呼唤而能够自动到来，舒畅坦然而善于安排筹划，也就是以"无为"将一切事情完美完成的意思。天之法网是极其宽广无边的，网眼虽宽疏，却不会漏失一丝一毫。

【解说】

此章与前后章相接，可以视作是对于基于威压的严刑主义的反对论。人们总是被利与弊等观念束缚着，以聪明才智去做判断，实则应当放弃这样的做法，将一切委托于无为自然的天之理，听凭天理的决断，这便是此章的主旨。"天之所恶"是将自然的道理拟人化后所说出的言论，实则指的是自然的裁决。并且，对于会变成这样的原因，如文章所说，是谁也搞不清楚的。天之道是单纯的无为、自然的，其中却有着自己的法则。"天网恢恢，疏而不失"一句说的是天能够参透一切，因此人类所有的恶行必将被毁灭之意，在有的记载中写作"疏而不漏"，是非常著名的句子，被人广为流传。天居于人类之上，让自己的法则广泛留存于世，不会漏过任何一个人。

"勇于敢""勇于不敢"两句可以视作审判者在裁决罪人时所持的态度，以此来决定罪人的生死——太田晴轩给出了这样的解释。若遵从于普遍的说法则是将其理解为一般人类的行动，可以视为"勇于敢"会招致死亡一说与"其死也坚强"（第七十六章）、"物壮则老"（第三十章）等意相合；"勇于不敢"意指使人存活之事，与"后其身而身先"（第七章）、"处众人之所恶"（第八章）、"为天下谷"（第二十八章）等语句之意相合。虽说如此也解释得通顺，但从此章与前后章之间的关联来看，对于无论是"活""杀"之语还是"天网恢恢"之句，都是晴轩的解释要更为优秀、妥帖一些。

有的文章将"绰然"记作"坦然"，实际上"绰"是"墠"的借字，与"坦"字是相通的，均指的是宽顺平坦的安然之姿。"恢恢"说的是广大、宽广无边之意。另外，"是以圣人犹难之"七字在帛书与碑文的记录中是不存在的，被视为是混进了有韵之文的无韵之语，并且由于相同的句子在第六十三章中也出现过，所以将其从此处删去被认为是更佳的做法。

74. 民不畏死（何谓天意 2）

民不畏死，奈何以死惧之。若使民常畏死，而为奇者，吾得执而杀之。孰敢？常有司杀者杀。夫代司杀者杀，是代大匠斫 *。夫代大匠斫者，希有不伤其手矣。

【译文】

当人民放弃一切、不再畏惧死亡，那么严酷如死刑等刑罚对人民是没有任何威慑作用的。如果人民一直生活于安乐当中，时刻畏惧着死亡，那么一旦出现了扰乱秩序的为非作歹之徒，我们便可以将其逮捕、处死。然而是由谁来将其杀死呢？是由一直掌管死刑的人，代表自然的规则将其杀死的。

说到底，如果代替专管死刑的人擅自做出判断并代替他去杀人，那么就如同代替高明的木匠去砍木头；然而那些代替高明的木匠去砍木头的人，很少有人能够不伤到自己的手。

【解说】

以严苛的刑罚来惩治不规矩之人，将他们处以死刑，这样的做法是无法长久延续下去的。人民一旦不再畏惧死亡，便会产生自暴自弃的叛乱与反抗。"民不畏死"与前章的"民不畏威"相对应，比起依靠威势或刑罚，能够使得人民安居乐业才更是执政者应有的工作。然而即便这么做，也不能杜绝坏人的出现。在这样的情况下，即便死刑是被允许的行为，我也不会选择这样做。若要问为什么，那是因为世界上自有夺去万物生命的存在。"司杀者"是一个拟人化的说法，意在劝导人们舍弃人类自身做出的判断，将此事交予宏大的自然法则来办。若是硬要代替天挥舞起刑戮之斧，那么就如同让糟糕的匠人去代替有名的木匠工作一样，不仅会弄伤自己的手，甚至还会给自身招致更大、更严重的灾害。严刑甚至是极刑的产生可以说等同于一望无际的泥沼一般；若是想要予以救赎，那么执政者就必须要舍弃自身做出的判断，将一切交托于"天网恢恢"的自然去做。

"而为奇者"的"奇"指的是与正常有所偏差的珍奇、新奇之意，同时也包含了邪恶的意思。依照王弼的注释，不正常的、奇怪的事物是会扰乱世间的东西。"司杀者"是专门掌管死刑的执行者。在这里，"天网恢恢"展示了自然规则的力量，它能够揭露人们未发觉或不知情的犯罪，并且予以处刑。"夫代司杀者杀"这两句在底本中记作"夫司杀者，是大匠斫"，这样语意是不通顺的；现今在参照了诸本之后，此处选择遵照帛书乙本，补上了两个"代"字及"杀"字。

75. 民之饥（取决于上的政治）

民之饥，以其上食税之多，是以饥。民之难治，以其上之有为，是以难治。民之轻死，以其上求生之厚*，是以轻死。夫唯无以生为者，是贤于贵生。

【译文】

人民之所以要忍受饥荒，就是因为上层的统治者征收了太多的税务，所以才导致人民挨饿。人民之所以难于统治，那是因为统治者又是这又是那，做出了太多干涉的行为，所以人民就难于统治。人民之所以觉得死也不算什么、做出乱来的事情，那是因为统治者过于热心地追求"生"，所以人民才轻生冒死反抗。说到底，只有不刻意追求"生"的人，才能够胜过那些过分看重自己生命的人。

【解说】

执政者若是过于放任自己的私欲、做出各种各样的过分之事，真正承受伤害的其实是人民群众。人民之所以无法过上安乐的生活，那是因为执政者没有按照无为自然的"道"来进行统治。若是向民众收取了过于严苛的重税，那么民众中就会出现饥荒这样的恶事。若是制定出过于细致的严厉法律，那么民众就会对不好的智巧心生向往，企图逃过法网的捕捉。政治家若是过于奢靡，则民众就会孤注一掷地做出反抗行为。即便身处于人民之上，也要放弃对自身生存的执着、变得无欲无心，这样才是最好的。此章与前一章相同，均是劝诫并推荐执政者们采取无谓的行政方式。

然而，此处有一个难题。关于"民之轻死"的这一段内容，在以底本为首的众多文本中是没有"其上"的"上"字的，在帛书中也没有。因此，若是遵从这样的记载，则此处的意思即为民众是由于过于执着于自身的生命，久而久之才孕育出了对于生命的这种粗暴态度，就变得与第五十章的"以其生生之厚"语意相同了，与"上"也就没什么关系了。在帛书甲本中，此章通篇有着多处像是意味着分章的黑色圆点记号，在"民之轻死"稍前一些的位置也有。若是遵从这些记号，那么在此之后的内容将被考虑为是独立的新的一章，与接下来的第七十六章关系匪浅，变成描述有关生命问题的一章了。然而，我之所以会对如此的分章形式抱有犹豫、踌躇，那是因为"民之饥""民之难治"与"民之轻死"三句所带来的三段文章在形式上实在是非常整齐且互相呼应；因此，现今则依据傅奕本的记载将"上"字补上，并从文章整体的脉络出发对其进行一番解释。"饑"是"饥"的借字，原本指收成极差的意思。将其记为"饥"的文本亦不在少数。"贤"是优秀、获胜之意。

"贵生"是珍重、重视生命的养生一派的主张，《吕氏春秋》中有一篇即名为《贵生篇》，与其相关的思想家有杨朱一派的子华子等人物。此处表达的则是对此主张的反对意见，养生虽然是很重要的大事，但若在这上面花费了太多的精力则会带来害处，基于我等自身的经验，我们可以明确地肯定此言论的正确性。

76. 人之生也柔弱（柔弱之德 1）

人之生也柔弱，其死也坚强。万物草木之生也柔脆，其死也枯槁。故坚强者死之徒，柔弱者生之徒。

是以兵强则不胜，木强则折 *。强大处下，柔弱处上。

【译文】

人类的身体自打出生的时候开始便是柔软、脆弱的，在死的时候则会变得坚硬又僵直。以万物或草木为例子便能明白，在刚刚生长的时候，它们都是柔软且脆弱的，一旦死去就变得干硬枯槁了。所以说，坚强的东西与死亡为伴，柔软脆弱的东西才是与生长为伴的。

因此，军队若是过于坚实强大，反而无法变得可靠、取得胜利；树木若是过于强大，则无法做到逆来顺受、巧妙应对，反而会遭到砍伐而折损。就像是大树的躯干与小的树枝一样，凡是坚固又强大的，总是会处于下位；而柔软、柔弱的事物，则反而会居于上位。

【解说】

此章是推重柔弱的言论。借用人类的诞生与死亡、草木的萌芽与枯死等具体的现象作为比方，阐明了生命的本源在于柔弱，并且说道，若是以此为基础，则能够成为真正的优胜者，立于人生中的优等位置。与刚强对照起来还是柔弱要更胜一筹，这样的言论在第四十三章的"天下之至柔，驰骋天下之至坚"、第七十八章的"天下莫柔弱于水，而攻坚强者，莫之能胜"中也有所体现。可以说尊柔弱为贵正是《老子》的中心思想，因为它与"道"的无为自然之姿是相通的。摆架子、装模作样，通过排挤他人谋求上位，抱着逞强姿态过着这样人生的人是非常悲哀的。前方只有毁灭与死亡在等待着他。

在一些文本的记录中，"万物草木之生也柔脆"一句中是没有"万物"二字的，按照这样去读的话，语意要更通顺一些，因此许多人都选择遵从这个说法；但帛书上是有此二字的，因此这样写才是古时最原本的姿态，现今就按照底本来解读了。"生之徒"与"死之徒"等用语在第五十章中也出现过。

在将"是以兵强"的"兵"与下文中"木强"的"木"进行对照后，人们将其理解为这指的是武器等物，但若是考虑到接下来的"不胜"，实际上应当将其释作军队更为妥当。在底本等其他文本中，"木强则折"的"折"字多记为"共"字，也有版本记为"兵"字，要解释其意思就比较困难。此处遵循《列子·黄帝篇》中老聃之言"兵强则灭，木强则折"，将文章中的字略加修改（俞樾之说）。

77. 天之道（自然的运作 1）

天之道，其犹张弓与。高者抑下，下者举之，有余者损之，不足者补之。天之道，损有余而补不足。人之道则不然。损不足以奉有余。

孰能有余以奉天下，唯有道者。是以圣人，为而不恃，功成而不处。其不欲见贤。

【译文】

天之道，即自然的运作方式，就像是拉开弦的弓一样。拉得过高了就将它压低一些，拉得过低了就将它抬高一些，拉得过满了就将它放松一些，拉得不够就将它张满一些。天之道也是这样，会减少过剩的事物，补充不足的事物，然而人的做法却并非如此——对于本来就不足的事物，人们会更进一步地减少它，然后将其奉献给原本就过剩有余之人。

那么，究竟是谁才能够为了这个世界而去减少有余的事物，以补充天下人的不足呢？只有悟得"道"的人才能做到这点。因此，与"道"合为一体的圣人即便做出一番大作为也不会对其产生依赖，即便拿出了完美的成果也不会因此而自居于功成的荣光之中。说到底，他并不喜欢将自身的优秀贤能显现于他人面前。

【解说】

人世间存在着各式各样的不公平，总存在着剥削原本就贫穷的人，并将财物孜孜不倦运输至财主之处的人。当然，之所以存在着这种现象，还是由那些本就持有过量财产却还是不停剥削的手握权力之人引发的。为什么这些拥有过量财产的人不去对贫穷之人伸出援手呢？老子在此借由"天之道"，阐明了自然界的公平姿态与运作方式，以此来迫使人们自我反省。与差别逐渐扩大的"人之道"相对立，"天之道"借由"损有余而补不足"的方式保障着全体统一的均衡关系。有白昼即有黑夜，有寒冷即有酷暑，就是这么一回事儿。明明人世间原本也是应当如此的，如今却由于所谓的聪慧与智巧盛行于世，导致世间与自然界原本的姿态相背而行。贫富之差、贵贱之别，这种概念被建立起来、根深蒂固，并且人为地日益扩大着这种差别。对于有道之人来说，如果手中持有富裕的财产，则必定会为了这个世界而将其投入其中；对于圣人来说，是决不会紧握权力或居功自傲的。此章对于这个世界的现实姿态提出了严厉的批判。第五十三章中说道，明明田野已经荒芜、粮仓已经处于亏空的状态，然而贵族们却还是执着于华丽的美服与收集过量的财宝，老子批判了这些"奢靡的盗人"。这与此章关系匪浅，均表现出了对社会的批判之意。这是老子的代表思想中有关社会的健康的一面。

以"张弓"的动作来形容"天之道"的方式，可以说是一个非常有趣的比喻。它以拉弓弦与弦本身的长短来形容了调整、调节一事。

用于意指圣人的"为而不恃，功成而不处"二句在第二章中也出现过。

78. 天下莫柔弱于水（柔弱之德 2）

天下莫柔弱于水。而攻坚强者，莫之能胜。以其无以易之。

弱之胜强，柔之胜刚，天下莫不知，莫能行。是以圣人云，受国之垢，是谓社稷主，受国不祥③，是谓天下王。正言若反。

【译文】

普天之下没有什么东西能够比水还要柔弱，但无论去攻击多么坚强、坚固的事物，水都能够取胜，因为没有任何东西是水的性质所无法改变的。

弱可以胜过强，柔可以胜过刚，虽然这是普天下的人都知道的道理，却没有人可以将其实行、做到。因此圣人说道："只有能够承受国家的屈辱并甘之如饴的人，才能够成为社稷（国家）的君主；只有能够并甘愿承担国家的灾祸的人，才能够成为天下的王。"真正正确的话听起来都会像是相反的言论。

【解说】

此章与前面的章节相同，均讲述的是柔弱之德。此处的"柔之胜刚"是对于水的形容，与政治上的成功也是有所关联的。关于水之德的言论早在第八章中就已提到过，"上善若水"就是在强调水往低处流的这种谦下不争之德。此处所说的水之柔弱则是指其没有固定的形态，遵循于容器，且能够方圆自在地改变自身的形态，展现出自身的柔软姿态。之所以说这样柔弱的水能够战胜各类坚固、坚强的事物，是因为哪怕面对的是坚硬的山岩，水滴石穿一说也是已经被证明了的强大言证；也有人认为应当考虑成以水攻城，或许是这样的吧。只是虽然都明白柔弱能胜过刚强这个道理，要将其实践且活用于自身却甚是困难。那是因为，在这个社会中，压抑自己、以柔弱的态度示人常被联想为是很屈辱的事情。这样做的人会被他人嘲笑胆小、没志气，并因而无法继续实践下去。因此圣人才说，能够承受住国家的屈辱和灾祸之人才能够在政治上取得成功。"正言若反"指的是圣人的话语虽然看似有着矛盾之处，实际上才正是能够说明这是正言的证明。

"以其无以易之"一句说的是能够改变水之柔弱这一强大性质的事物并不存在于这个世界上，也就是说水就是最强大的，但若仅看"易之"，则也可以将其解释为没有什么事物能够取代、代替水。虽然这样也解释得通，但还是前一个解释要更胜一筹。

"受国之垢"的"垢"指的是污垢、脏或耻辱之意。在这里意指能够使自身处于下游、以柔弱的态度承受国之污垢的人才能称得上是无为自然的实践者。关于"社稷"一词，"社"是土地神，"稷"则是谷神。坚持对此二者的祭祀对于国家来说是非常重要的事，在这里实则是指代国家。"不祥"指的是不吉利的灾难与祸事。"正言若反"一句是非常著名的句子，虽然也能将其视作指的是前面圣人所说的言论，实际上将其视为是在《老子》全书中都通用的逆说理论要更为妥当。不仅仅是"柔之胜刚"一句，"曲则全，枉则直"（第二十三章 [旧第二十二章]）、"无为而无不为"（第三十七章）、"知者不言"

（第五十六章）等，众多言论的语意均相当于"正言若反"。若是将上文圣人所说的言论当作是此章的结尾，那么此四字便是错简混入的评语（武内义雄博士之说）；又因为它与下一章的"怨""善"等押韵，也有人认为此四字应当与下章的开头合为一体（吴澄之说）。

79. 和大怨（自然的运作 2）

和大怨，必有余怨。安可以为善？是以圣人执左契，而不责于人。有德司契，无德司彻。天道无亲，常与善人。

【译文】

若是想要和解深重的怨恨，则必然还是会留下残余的怨恨。这怎么能说算是好事、善事呢？因此，圣人为了不引起怨恨而保存好左半边的契约，但并不以此去督促、催促于人。福慧深厚之人就像是契约的管理者，薄情之人则会像掌管税收之人一样苛刻催促。天之道——自然的运作之道——是不会偏袒任何人的，它永远是善人的同伴。

【解说】

若说到人的裁夺，不论是做出了如何完美的处置，一定还是会有错失之处，不如自然的运作公平。虽说在人世中遇到调停和解是常事，若是遇到处理深怨之事，其结局必然不好。比如说，即便是成功地使事情和解、平息下来，事后也定会无法避免地在心里留下疙瘩。真正的重点其实是不要引起这等事件才是最佳。所以圣人选择使用分开的符契，采取远离人情的做法，谋求合理的处置方式。这才是符合客观且公平无私的"天之道"的做法。

"天道无亲，常与善人"亦是非常有名的谚语。"亲"是亲近、亲密的意思，在这里意指偏袒、偏爱。"与"则是抱以赞同的伙伴之意，意指与善人为伴。究竟天道是否是善人的同伴呢？自然界的运作终究是无情之物，不论是善人还是不善之人都有过被打垮的时候。如果真的不存在偏爱一说，那么还能说出"常与善人"这样的话吗？老子回答道，然也。这是老子自身的信条。就如同"天网恢恢，疏而不失"（第七十三章），将一切事情交委于自然，不论多么微小，终究都不会使其逃脱。天道是参透一切的存在，即便有时会有不好、不如意的事情发生在善人身上，也会像"有余者损之，不足者补之"（第七十七章）一样，以此证明好事会长年累月与善人为伴。为什么老子会坚守这种信念呢？那是因为人世间实在是包含了太多的污秽与丑恶。"和大怨"一句起于纷争各起、怨恨繁多的现实背景之下，而这一切皆是人类所谓的聪明智巧与欲望引起的。使自身变得无知无欲、回归于自然，换句话说，就是使自身符合于"天道"，这才是与身为万物根源的"道"进行合一的必经之路。

"左契"的"契"在现代已被票据所代替。将契约一分为二，签下契约的人双方各执一半，在持有左契之人的要求下与持右契者手中的票据合在一起之后即可以交换或交出实物。但是也有说法认为请求权实际在持有右契之人手中，圣人只是做了"施与"一事，但如此一来，"不责于人"一句就不起作用了。由于"有德司契"以下二句的句型非常齐整，所以感觉像是作为押韵文而被插入的语句，大概是方言、俚语一类吧。"德"是恩德的意思。"彻"可以视作周时的税法，在《孟子》中有着相关内容，指的是以实物的十分之一为征收对象的税务。

80. 小国寡民（乌托邦）

小国寡民。使有什伯之器而不用，使民重死而不远徙，虽有舟舆，无所乘之，虽有甲兵，无所陈之。

使人复结绳而用之，甘其食，美其服，安其居，乐其俗，邻国相望，鸡犬之声相闻，民至老死，不相往来。

【译文】

使国家变小，使人民的数量变得稀少，即便有各式各样的便利器具却不会去使用它们，使人民重视自己的生命，不向远方的土地移动、迁徙，即便有船只、车辆却不会去乘坐它们，虽然拥有铠甲和武器却不会有卖弄、夸示的时候。

在非常早的时候，人们还是靠着结绳来代替文字，用以记事，认为自己所食之物很美味、所穿之衣很漂亮、所住之处很令自己安心、很享受于自己的生活与习惯，邻国之间能够互相望见，连鸡犬之声也都可以听得见，在如此的自然状态下，人民则是从生到死都不互相往来。

【解说】

此章描述了小国寡民的理想之乡，可以说是一个乌托邦一样的世界，因其对老子理想社会的直截了当的描述，是一篇非常有名的文章。当然，这份理想与现实是表里相反的。在战国时代，"富国强兵"才是主流的标语、口号，为此需要增加可以参与耕种或战争的人民数量，同时追求扩大国家的领土，这样的行为被认为包含了使国家更加强大的志向。老子却反对这样的现实，"小国寡民"就是完全与"大国众民"反着来的。若能做到"使国家变小，人民稀少"，在不与他国往来的情况下保持自给自足的势态，如此一来便自然而然地不会发生竞争等事了，与老子所说的"不争"之德（第八章等）的内容是高度一致的。想必这样一来，人民就能继续过着悠哉游哉、丰富又安心的生活了吧。此章还包含了对文明的进步的强烈批判。即便有着各式各样的便利道具也不会去使用它们，这与"民多利器，国家滋昏"（第五十七章）说的是同一回事儿。富有文明的利器能够使物质变得丰富、使世间变得更为充裕不假，但同时也会使人民变得更为怠惰、充满狡猾的智巧，招致精神方面的贫乏。对于原来朴素的生活环境中培养出来的那份健康的活力与朴素的人情味，将它们再度取回是非常有必要的。当被所谓的聪慧智巧与欲望反复指责着，因而企图向外跑出去的时候，人们就会变得不幸。回首看看自身、好好斟酌下自己所拥有的东西，那么就能够发现，其实自己已经拥有了能令自己十分满足的事物了。要使得人民一直处于这种状态——各自满足于各自的朴素生活、不追求身外之物，在没有战争的和平时代中珍重自身地生活下去，这就是理想了。

若将此章的"小国寡民"视作理想的话，则看上去似乎与至今所讲的"治大国""取天下"等言论是互相矛盾的，实则并非如此。句中所谈论的大国与天下等，皆可以视作如此作为的小国的集合体。就如同"治大国如烹小鲜"（第六十章），所谓无为的政治就是将各个地方集合而成的聚落保持原样，并使各自都互相认可。从"邻国相望，鸡犬之声相闻"二句来看，这个小国就是理想社会的模型，可以确定的是，我们可以将其视作古时存在着的村落共同体的悠闲风景。不久之后，陶渊明的《桃花源记》即被视作是继承此章思想的文学作品。"什伯之器"就是各种各样的、极多的器具，其中的"器"在这里普遍被解释为器具（奚侗之说），但也有人将其解释为几十、几百的优秀人才（苏辙之说），还有说它是十人小队、百人小队使用的武器（俞樾之说）这样的解释存在。《庄子·天地篇》中写道"有机械者必有机事，有机事者必有机心。机心存于胸中，则纯白不备"，虽说是描述不使用便利的器械来汲水的老人之言，但与此处所表达的是相同的主旨。"重死"的"重"是重难之意，与第七十五章的"轻死"相反，说的是对死亡抱有忌惮，即重视生命的意思。"无所陈之"是将其罗列、陈列出来予以展示之意，也就是在战争中使用武器之说。

"结绳"在《易经·系辞传》中有着相关内容，写作"上古结绳而治，后世圣人易之以书契"，《庄子·胠箧篇》中亦是将从头至尾的句子写作"至德之世"，以基本相同的文句将其记录了下来。

另外，现如今在帛书甲乙本的记录当中，此处的第八十章与第八十一章是插入于第六十六章和第六十七章之间的。由于并不清楚其理由，并且也不认为这样的顺序要更为合理、通顺，故此处没有遵循这样的做法。

81. 信言不美（结束之语）

信言不美，美言不信。善者不辩，辩者不善。知者不博，博者不知。

圣人不积。既以为人，己愈有。既以与人，己愈多。

天之道，利而不害。圣人之道，为而不争。

【译文】

真实可信的话语不会很漂亮，太过华丽的话语不真实。优秀的人不擅长说好听的话，擅长嘴上功夫的人绝非优秀之人。真正的智者不会去卖弄学识，卖弄自己懂得多的人并不是真正的有知识。

圣人不会想着去积攒、占有什么。如果他尽自己所有为他人着想，那么反过来他自己也会更为充足；若是他总想着尽力给予他人，那么反过来他自身也会愈加丰富。

天之道——自然的运作——是让一切事物都得到好处，而不是予以伤害。圣人之道与他的行为准则则是不论是什么事情，即便要做许多不同的事情，也绝不会发生与人相争的情况。

【解说】

此章可以当作是《老子》一书的总结。在理解了至此以来讲述过的八十章内容之后，不难看出它们都较为生硬直接、不加修饰，正因如此，可以说是值得信赖的真实话语。简单简洁而不雄辩，所以说是非常优秀的内容。正因为并非是在卖弄学识以显博学，所以才能够阐明真正的睿智。圣人身为模范，将自己所持有的一切东西全盘托出。这可以说是顺应于天的圣人的无为自然之举，基于此书，我们不难看出他完全没有抱有与他人相争的心。

然而，这样的解读方式并不能称得上是绝对的。若是依照帛书的说法，则此章实际上并非是最后一章；此章的语句一共被分割为三段，可以将其视作是三段独立的话语（武内义雄博士之说）。在现今的帛书甲本中，在以"圣人不积"为开始的第二段开头之处也有着貌似代表分章之意的黑色圆点记号。并且《战国策·魏策一》在引用本章内容之时也只是以"老子曰"一句单单引用了此章的第二段。即使将此章全体视作一章，也不难看出其原本是独立的三段内容这个事实。

第一段与第二段是老子一派的逆说之辞。最初的六句指出了表面现象与内在实际之间的差异，意在促使人们更加重视存于现象深处的事物。与第四十五章的"大巧若拙，大辩若讷"、第五十六章的"知者不言，言者不知"是寓意相同的话语。

第二段的"圣人不积"说的是当你为了他人将一切都和盘托出，则自身反而将得以变得更加丰裕，与第四十五章的"大盈若冲，其用不穷"持有相同的思想。在《庄子·天下篇》中也有着类似的话语，如"无藏也故有余"。"既"字在《宏雅》中记作"尽"，在《战国策》的引用当中也是写作"尽"，代表全部、一切、所有的意思。

第三段的重点讲的是"不争"。圣人的"为"与天的"利"相同，当然，说的并不是那些予以干涉的行为。以无为自然的做法来成全、实现世间的一切，这样的话并不能算得上是"为"，并且更谈不上与人竞争、相争之事了。天基本上是利用万物而不施与危害，可以说恰好与此是相同的。此章的"天之道，利而不害"与前面章节中所说的"天道无亲，常与善人"也是相同的意思。天地自然那公平无私的平等性对于不幸的弱者来说是一剂非常强的鼓励。

老子与《老子》

一、儒家与道家

    《论语》与《老子》是并列的代表中国思想的古典书籍。正如孔子的《论语》和《孟子》一同展现、传递了儒教最初的姿态，《老子》与《庄子》一同构建出了被称为老庄或道家的一派文化。贯通中国的漫长历史中，孔孟代表的儒教在人类的外表上传达了正统的思想，老庄的思想则与其相对，支撑起了人类内里的文化。

    让我们先塑造出两个人物的形象吧。第一个人即所谓的绅士，服装整洁、注意保持自身良好的仪容，勤勉地持守于世间大部分的事物，非常规矩、一丝不苟。并且不光是自己如此，亦劝诫他人也要这样做，相信如果世间所有人都能成为绅士淑女，便一定能使这个世界变得更加美好。虽说多少有些拘束之感，但对于社会来说大抵还能说是一个可以受人信赖的人物。

    接下来的另一个人则是与此相反的类型。此人不甚注意自己的服装打扮，甚至有时还会显得有些邋遢散漫，具有如此纯朴赤裸的人情味。他对于世间的规定与职务也不是很留心，有时甚至可以称得上马马虎虎，然而又与一般的懒汉或性情乖戾之人不同，在重要的关头绝不失手。若以此人来对比前一位人物，难免会显得是一位狭隘、不大方的小人物，这样的人若是多了起来，则世间便无法蒸蒸日上；若是前一位人物来看后一位人物的话，则会觉得他是脱离世间平衡的不安定因素，是会扰乱社会秩序的人物。

这两种类型的人，就存在于距离我们很近的地方。可以说前者更接近于儒家的人物，后者则更接近于道家的人物。当然，前者在公众面前的形象更容易被世间很好地接纳。优秀的人才更追求在社会上飞黄腾达，但也正因如此，这样的人物多数是在操心、劳苦中沉浮。后者与此相对，可以说是民间的普通人。虽说有时能够在遇到机会时成就一番大业，但从自身的角度来说却从来没有主动谋求于此。不如说他更想要守住自己所信奉的那种处于市井之中却悠然自得的生活，从外表上来看的确不是什么非常了不起的人生，但他本人不会有任何劳苦，也没有任何顾虑。

且说不论是孔孟一方还是老庄一方，两者追求的都是人世间平和安稳的幸福，这一点是亘古不变的。他们处于春秋末期或战国时代的中期，在这样的历史大变革期间，上至诸侯这般手握权力之人、下至耕种的农民等，由于连接不断的战乱和由此带来的不安，导致世间充斥着一幅片刻不得安宁的景象。这个世界究竟会变成什么样子，到底要怎么做才能使人们在安定的社会中幸福地生活下去，这些对于思想家们来说都是非常重要的课题。在此之后，以孔孟为代表的儒家提倡让人们崇尚于高水准的道义理想，借此来确立社会的秩序，以此构建出安定的世界。然而以老庄为代表的道家则认为比起追求这种人类应当拥有的姿态，人们更应当注重恢复自身本来就拥有的自然原样，并认为应当借此使得世间的战乱平静下来，如此才能使人们回到安定的生活之中去。

与面向社会与政治，采取强劲率直的前进方式的儒家思想相对立，道家的思想认为人们更应当追求人类原本本真的模样，应该将主要的力量投入到阐明自然性这一方面上。在儒家一方中当然也曾提及关于个人人格的问题，然而这只不过是在探讨人类的社会性人格罢了。

在道家的立场中，尤其是老子，虽然提出了很多与政治相关的主张，其实说白了就是与称为"无为自然"的对政治的否定也有关联的主张。道家的人物都追求人类的本来性，认为像儒家一般只在社会的道义等范围内思考是不可取的，要在这宽广的自然世界中将自身解放才是上策。人类并不仅仅是互为伙伴且生活于人群当中，其背后还有宽广巨大的自然界。并且，当人类正确意识到自己只是自然世界的万物中的一员之时，就很能明白儒家思想的局限就在于他们只将自己当作一个社会人来思考。这就是道家人物的思想立场。"归于自然"一句被认为是在欧洲的 18 世纪由卢梭所提倡的主张，此处看来则应当是公元前即起源于中国的思想。

关于道家之人的思想，我认为可以用自然思想这个词来概括和总结。

二、老子的思想

何为文化

与朴素的自然相对立的即人类的作为，亦可说是技巧，在此之上积攒发展而成的则被称作文化。对于人类所造出的文化、或者说是文明这种东西，提倡自然思想的老子抱有着强烈的怀疑乃至批判之心。

正如书中所说："五色令人目盲，五音令人耳聋，五味令人口爽。驰骋畋猎令人心发狂，难得之货令人行妨。"（第十二章）

不论是费功夫做出来的花哨刺目之事，还是贵族间那些奢靡的嗜好，这些事物只会给身为人类本身就具有的淳朴本性带来损害。将立场稍作改变来看的话，所谓人类的像人之处也可以说正是体现在费尽功夫构造出来的文化方面上。现在的儒家人物正是以此思量，贯彻了礼乐等文化主义。在现代，接受着文化恩惠长大的我们也是如此，若是非要说是偏向哪一边的话，应当说是游走于对于文化的礼赞中，普遍还是想要为了文化的发展而做出些许贡献。但是，老子对此持反对意见。

说到究竟什么才是文化的本质，老子已经看透了这一点。虽说人们随着文化的发展变得更加幸福的确是事实没错，但与此相反，变得更加不幸的人数也有所增长。这是将发展至极点的贵族文化置于眼前，并且将其未来的走势也一并看透后萌生出来的怀疑念头。凭借着玩弄一些龌龊的小伎俩、小把戏，做出各式各样的新奇之物，如此一来只会煽动并助长人们的侥幸心理。

自己的所作所为是否真的为构建人民的幸福派上了用场，那些知识分子甚至从不反省这一点，当权者们为了实现自己的私欲，而借由文化的名义施加蛮横粗暴的压力，亦不乏追随于此、盲目地对文化表以礼赞之人，这些都是在这个文化发达的社会中可以目睹的现象，而世间原本不应是如此的。人们通过研习智巧变得聪慧，为了得到新的利益而若无其事地欺诈他人，使得欲望接连而起却连顾及他人的余力都没有。人们相信，在世间为了获取知识和达成欲望而忙碌周旋，这不仅仅是进步，更是通往幸福的道路。但这样真的好吗？

关于这一点，现代的我们正在渐渐变得愈加英明。不论是笛卡尔哲学中所培育出主张人类万能的二元论，还是从达尔文的进化论中演进出来的进步主义思想，都在逐渐增添着反省这一步。虽然道阻且长，但至少我们可以确认，仅凭借这一点是无法使人类获得幸福的。若说我们反省力度如此之大的起因，果然还是因为战争中核爆炸所造成的牺牲才开始觉醒的吧。

老子面对如此不幸的事态，虽说从形式上来看有着漠然的成分包含在里面，但那可以说是因为他早已预见到这一切。对于创造文化并积极助长人类的知识与欲望这一点，老子表达了强烈的反抗与排斥。老子主张的是"无知无欲"与"无为"，即回归于自然，寻找并发现原本的自己之意。

推崇"无知无欲"

"在精修学问的过程中，人的知识量会增加。——这并不是好事。在精修'道'的过程中，知识则会渐渐地减少。减少又减少，到最后就能够到达'无为'的境地，并持守着'无为'，以至于能够完美地成就万事。"（第四十八章）

说到学习这回事，一般意义上来说即是从外界收集知识并将其附加于自身，随着不停地积累，知识量日益增大是理所当然的事。然而，随着知识一同增加的还有人类的不幸，吃下禁果、犯下原罪，这一点在西方的神话中亦是作为标志性的象征展现出来。我等应当将自身所有全部丢掉，这一点是非常有必要的；此处所说的需要舍弃的事物即我等心中所存的世间常识与大量的知识。"道"的事情放在后面再说，总而言之，只要持续修"道"，这一点就是可能做到的。随着知识渐渐地减少、达到无知的境界，如此便能最终做到无为。无为即指不去做多余的事情或妄加干涉，正因如此才能够圆满地完成所有的事。

说到底，没有什么是比人类的常识更为不可靠的事物了。

"之所以能够明白美的事物究竟美在何处，且明白它究竟是否是真正的美，那是由于有丑陋的事物存在。知道善之所以为善，并使人明白它究竟是否是真正的善，那是依靠不善的存在才做到的。"

人们总是会被当前的现象蒙蔽住双眼，只会轻率地做出判断。所以洞彻世界真相的圣人说道，"居无为之事，行不言之教"（第二章）。由现象驱动行为的世间之"知"被称作"智"，而超越于此的睿智圣人则被称为"明"。正所谓"知人者智，自知者明"（第三十三章），这说的并非是流于外表的"知"，而是沉淀于内的洞察力，指的是能够看透一切的真知。

"无为"并非是指什么事都不做。与其相同，"无知"也不是指放弃去做一切与"知"有关的行为。我们应当将圣人的明知视作榜样，那是将世界视作整体，并对其有全面性的把握。追随于现象之后，仅仅是游走、表现于外侧的智慧，这只能说是占有了世界全体的一部分，是一种非常有局限性的智慧而已。"明白"即"懂得"，是分开来的东西。尽管这样的认知距离自然原本的真相还有着相当的一段距离，但人们却认定其为一种绝对性的存在，并为此重复循环着自身的一喜一忧。老子认为，世界的混乱就是从这里孕育出来的。

更何况世间由于智巧导致的一切恶行，皆是与欲望有联结之处的。如果将物品的美丑和事情的善恶区分开来，则人人都会即刻产生对美与善的渴求。正所谓"不珍爱难得的珍品，那么人民就不会去行偷盗之事；不使人们见到可以刺激到欲望的事物，那么人民的心便不会被扰乱，能够保持一种平静的状态"。

因此，圣人的政治讲究使人民变得无知无欲（第三章）。只有无知无欲的状态，才能够使得人们复归于自身原本自然素朴的姿态。正如"要保持原有的自然面貌，内心如同未经雕琢之木一般淳朴；扼制自己想要肆意妄为的心绪，减少私欲杂念"（第十九章）所说之言，第四十六章中也说到"贪得之欲会使人变得不知满足，一贪再贪"，可以称得上是终将会引发战争的最大的罪恶、过失。

诚然，没有比不知满足更为可怜、可悲的了。由欲求不满所导致的不幸皆是由不知满足、贪得无厌引起的。这正是"知足者富"（第三十三章）、"懂得满足的这种满足，才可谓真正永远的满足"（第四十六章）。

舍弃贤明的智慧，懂得何为满足，使自身变得无欲无求，正是第二十章中所说的"我愚人之心也哉，沌沌兮"。从这里开始，就不再出现关于积极、特意的行为的内容了。每一个人自发地呈现出悠然自得的模样，不做出特别的行为或勾当，无为的姿态便从此诞生了。这便是老子理想中的行动模式——与建立文化相左，甚至起到完全相反的效果。

又，此无为的实践并非只是以与个人有关的修行为目标，它亦可称为是政治上的原则。第五十七章中所说的"我若是坚守无为的立场，那么人民就会发自内心地自我化育；我若是干脆利落地处于无欲之状，则人民便会自发地做到自然纯朴"，便是针对"无为的政治"的强调言论。由此可知，不论是琐碎的干涉还是严厉的统治，皆会招致社会的混乱；正如第八十章"小国寡民"中所描述的乌托邦，它是一个世界闻名的形象，因此被描述为可以使"无为的政治"化为现实的理想之乡。

"柔弱谦下"

然，对于文化的怀疑与对于竞争和进步的批判有所重叠。通过压制他人使自己成为胜利者，万事都占尽好处、向前推进，这均与人们知识、欲望等的增大有所关联。从某种意义上来说，这是可以称为现代病的一种现象。

众人皆被眼前的事物所束缚，一边排除异己一边急急忙忙向先前方奔去。到底是在追求什么、为何而争？究竟什么才是进步？我们所谋求的东西，是否真的有值得我们追求的价值？我们所认同的进步是否真的是进步，它与人们的幸福是否有所关联？就这样，人们对于反省一事极为怠惰，仅仅是被时代的价值观所推动着行动，不顾一切地拼命忙碌；被不安与焦躁驱使着，身体也是精疲力尽，不单单是自己，还要使他人也陷入不幸之中，就这样在痛苦之中毫无意义地死去。

究竟是什么导致了这一切呢？老子认为，这一切都是因为人们还没有真正觉醒，意识到自身所拥有的原本的自然性。

于此，老子宣扬"柔弱谦下"这一主张。不论是男是女，人们都喜欢成为人上人，也有人认为，若不这么做，自己就会被他人摧毁、击溃。即便不做此想，想要使自己的存在尽量为人所知的人亦占多数。众人皆被所谓的自我所束缚，将竞争这种现象视作理所当然；若是能够干脆利落地做到无私、柔和又软弱，便能够使人心变得恭敬谦逊，如同融入周围环境一般，细水长流又自然地活下去。若能如此，就能够看得清世间万物的本质；面对恶毒之事或那些为了谋求进步而做出的斗争之举，便也能够明白它们是多么愚蠢又毫无意义了。

"上善若水"——最高境界的善就如同水的作用一般，老子如此赞颂着水之德。"水为世间万物做出贡献而又不与万物相争，停留在众人皆避之不及的低处，与'道'的作用非常相近"（第八章）。

肩负成就万物生长的重担，却从不强调自己的功劳、摆出一副高高在上的姿态，只是一副不经意的模样向着低处流去，这便是其应当被视作模范之处。第二章的"成功而弗居也——即便做出了不得了的成果，也不会因此而居功"、第九章的"一件事情做得圆满了就该含藏收敛，不再身居其位，应当适时退下"，此二处皆是在展现处世方面的理想之状。水，就是这样的模范。

水之德还因为它的柔弱而备受赞美。如第七十八章所说，"天下再没有比水更为轻软柔弱的东西了，而若是说到攻坚克强，却没有什么东西可以战胜水。柔弱是可以胜过刚强的"。

盛气凌人、摆着架子的模样看上去很强大，实际上却是很脆弱的。做出高姿态来对他人施以威压，摆出一副想要出人头地的强硬姿态，最终在前方等待着他的只有破灭与死亡，此即为"坚强者死之徒"。紧接着的"柔弱者生之徒"则说的是如同柔软的草木嫩芽盈溢出新的生命一般，只有柔软、柔弱之物才能够延续自身的存活（第七十六章）。

关心现实方面

只是，在此处需要注意的是"柔弱能够胜过刚强"一事，并非是在否定竞争本身的存在，而是应视作是在讨论竞争所采用的方法。对于谦下这一方面也有着同样的疑问。就像第七章中所说的"圣人将自身置于他人之后，如此反而被他人所推，能够在众人之中处于前位"，也就是说先预想自身要处于前方，而后采取手段，有意识地处于人之后方，也不能说这样想是不可取的。"坚守于无为之状，反而能够因此成功地成就万事"一语也是相同的意思。

老子作为一位精通世故、老练的智者，秉持着与众人意愿相逆的思想，终究还是以成为这个世俗世界中的成功者为目标的吗？实际上，老子并非没有这样的一面。然而，若事情只是这样，则最终只能得出老子实为权谋术策之人这样的结论。事实当然不是这样的。

说到老子，他与庄子有着些许不同之处，虽说双方都认为自然思想可谓极好，但老子对于这个现实的世俗世界有着更为强烈的关心，庄子则强调要超越世俗、跃入自然世界中并与其合一，其立场有着更强的宗教性。老子不仅有着这样宗教性的神秘一面，同时也不断地考虑着与现实世界中的关系，可以说这样的地方非常有老子的个人特色。能够看到他世俗、圆猾的小聪明也正是因为这个原因。若能够保持"无为"，则万事都能顺利地运行下去，若是能保持柔弱那么就可以胜过刚强，这些都是站在世俗的立场上吸引大众的说法，也就是说，这便是对世俗的一份亲切又浓厚的关怀之情。

庄子就没有这样的一面，那是更为清高的东西。老子的思想或是被愚民的专制政治所利用，或是作为支撑兵法战略之物被大肆应用，甚至被当作现世的宗教——道教——中起到重要作用之物，皆是由于这个原因。

支撑这个世界的事物

凭借着"道"的思想，老子的思想之深才变得明朗起来。老子的"道"携着与迄今为止完全不同的全新意义闪亮登场。迄今为止的儒家之道是作为将道义等物予以实际行动的根据与基础，被明确地标指出来的道。但是老子的"道"却是不可见也不可闻（第十四章）、恍兮惚兮却又深不可测（第二十一章）、是没有常"名"之物（第一章）。所以说，"道"也不过是个临时的叫法。"无"或"无名"等称呼也是相同的境况（第四十章、第四十一章、第三十二章）。

作为贯穿宇宙全体且唯一、绝对的根源之物，它起到了极为重大的作用，既为"一"，也为"大"（第三十九章、第二十五章）。同时，它也被视为孕育出天地万物的始源，被称之为"母"（第五十二章）。对于老子来说，这才是真实的世界。说着我们不应被世俗的现象世界所束缚，同时老子也是在呼吁我们进入空旷深远、无限制无制约的"道"之世界当中来。这便是向着天地根源之处的复归了。

老子再三地极力强调了复归一事的重要性。

"万物纷纷纭纭、生长繁茂，却最终会各自回归于孕育出各自的本根中去。返回到它的本根便是回归于深远的静寂当中，而这又叫作复归于最原本的生命当中去"（第十六章）。

这便是依靠着哲人所洞察出的世界真相。万物的生成是源源不断且不会停止的，但它并不只是单纯、笔直地延伸下去而已，而是向着生成之始源的复归之举。那孕育出万物的最为根本的始源，它处于一个虽无固定但却有着无限深度的静寂世界之中。想必这就是"道"的世界其本身吧。老子说道，人们不应当被世间的现象牵着鼻子走、变得随波逐流，而是应该要回归到这个根源之处去。

"复归于无限制的广漠状态（无极）中去""回归到自然本初的素朴纯真状态（朴）""回归至婴儿般纯真的状态"……老子认为，柔弱谦下是能够使这些事情从实际意义上变为可能的（第二十八章）。

"道"即老子思想的核心。复归则是与"道"之立场的合一。体得了"道"之后能够做到与其精神与本体相合为一，这便是老子所强调的究极目标。不论是使人剔除欲望、舍弃知识、杜绝学识并保持着柔弱谦下的态度生活，还是在这之后恢复到如同婴儿一般、回归于始源之处，还是使自身保持如同"朴"一般的素朴纯洁，这一切都和与"道"的合一有着千丝万缕的关联。

若要说"道"究竟是什么，它本来就是无法靠语言表述清楚的。它是超越了"名"，亦跨越了理论的东西。之所以关于

"道"的说明时常暧昧又模糊，时不时会使用诗一般或充满幻想的言论将其表现出来，不如说是因为如果不靠这样的形式就无法将其清楚地阐述出来。然而虽说释译得并不是很明确，但它是支撑着这个现象世界基础的最为根源的存在却是千真万确的事实。作为生成万物的始源，或者说作为支持着万物存在的秩序、原理，是因为有它的存在，才使得这个现象世界是如此充满活力、栩栩如生。

老子将它示与人们，并推崇做到与它有着精神与本体上的合一。快停下被世俗束缚着的追赶不停的生活吧。人若是能觉醒过来并悟出"道"，就能明白这究竟是多么没有意义的事情了。在这之后，真正的生活即将拉开帷幕。

三、关于老子这个人

说到老子传记的话，最为古老的版本是《史记》中的老子传记。首先是以概略的形式进行介绍，然而由于不确定的地方比较多，实际上真相是比较不清楚、不明白的。

老子姓李，名耳，字聃，被称为老子或老聃。生于楚国的苦县厉乡曲仁里（今河南鹿邑东部），是周王室图书馆内的官吏。因有孔子问礼一事，所以可以推测当时的时代是公元前6世纪末。当时的老子明白地告知孔子，应当要舍弃聪明与雄辩、远离我执，最终在预见到周朝衰败并离开都城之时，虽说在关卡处的官吏喜（关令尹喜）的拜托之下编著了上下五千余字的书籍以讲述"道"与"德"的意义，但在此之后就销声匿迹了。这部书籍就是如今的《老子》一书。

以上便是集结而成的关于老聃的传记，而《史记》中的老子传记则仍记有其他的内容。其中记录有一位隐士，他被称为楚国的老莱子；还有另外一人，周朝的太史儋——他在孔子去世后的第一百二十九年预言了秦的将来。他们究竟是否就是老子，年龄是否高达一百六十或者两百余岁，世间有着各种各样的说法。并且在最后还记载着能够追溯至汉初的家族宗谱。在《史记》被编撰出来的时候，老子的传记已经有了好几种不同版本的流传，甚为暧昧模糊。

即便是作为老聃第一版的传记，其中最被怀疑是否是事实的就是关于孔子的访问了。这一类的内容在《庄子》中也有着几处记载，这是否是依靠孔子而后崛起的道家的人们为了超越孔子而编造出来的故事，世间众说纷纭。上下篇共五千余字的书籍确实与当今的《老子》是相同的形式，然而若从现今的内容来看，实在是无法认为能够将其提升到孔子时代的高度。而另一面，作为老子的故乡，苦也好，厉也好，还有曲仁，为何是将看似都不怎么样的名字集于一处，这也是个问题所在。总而言之，《老子》的作者——老子，他的传记有着不少不清不楚的地方。

因此，学者们当中也有人认为老子这一人物实际上是从未存在过的（津田左右吉博士）。然而，通过翻检《老子》的内容，再配合上《史记》中传记内容的修正，确信他是那个时代的人的学者也是有的（武内义雄博士）。

当然，当今亦存在着信奉《史记》中《老聃传》所记的内容并原原本本地将其当作事实的人。以我自身的立场来说，还是觉得无法相信《老聃传》的内容就是事实。《老子》的作者——老子本人自然是实际存在的，这一点从《老子》的内容上来看的话实在无法做其他考量。而且，据此能够想到的人物形象也就是大致生活于公元前三百年的隐士君子，是置身于世俗之外的超然的存在，并且是一位有着想要拯救世俗世界的混乱与民众苦痛等愿望的忧世哲学家。除此之外的一切事情都是无法确定的。

四、关于《老子》本书

《老子》是一本仅有五千余字的短篇作品，由上篇的《道经》与下篇的《德经》组成。正因如此，它也被称为《老子道德经》。虽然在《史记》中也有着表述"道"与"德"之意义的内容，但没有特意地将其分为上下两部分来解说，只是分别取各篇章的第一个字，以方便地予以命名而已。现今的版本是分为上篇三十七章，下篇四十四章，合起来一共八十一章；如今本书依照目录给每一章都拟了题名，但在古时似乎是连分章这一说都是没有的。

虽说文章全部内容就不长，篇章却是由更为简短的语句集结而成，这就是本书最为引人注目的特色。不仅如此，各篇章中简短的语句要么是格言、谚语一类，要么则是以押韵或者对句的形式出现，有着不少朗朗上口的名言，而文章全部内容却连一个固有名词也没有，这是极大的特色。

诚然，《论语》也确实是短文的集结之物。然而《论语》是以明确且特定的个人言论为主，《老子》中的言论则大体是将说话之人隐于背景之中。凭借这一点，比起将这部书说成是个人的著作，不如说它是由古时名言集结编撰而成并被后人广泛传承下来的色彩更为强烈。并且假设真是如此，因为有了将此书编撰出来的人的存在，则能够明白《老子》的内容确实是在将一位富有个性的思想家写成故事。

纵观《老子》全书的内容，的确是统一且连贯的。虽说有着或重复或矛盾的地方，也有着或无条理或不连贯的混乱之处，但其思想的特色可以说是非常清晰明了的。在以儒家思想为主流的当时，这是强烈顶撞被人们当作普通性常识的想法，是一部非常格格不入的作品。

为了打破当时的常识，想必凭借拥有丰富新奇反论的表现来使读者出乎意料是很有必要的吧。这便是文章中多处出现谚语与警句等的原因。文中所使用的对句与韵脚等是一种特殊的表现方式，用以弥补其逻辑的不完备之处，或者说是为了人们更加方便地口诵而特意使用的方法。

在本书中，有一些章节中所使用的"我"这个词可以视作作者对自身的表达方式。这样的章节数量并不多，比如第二十章等便是如此。此章通过讲述世俗与自己之间的严峻对立，对于卖弄聪明的浅薄世俗的批判，还有远离这样的世俗来展现自身引以为傲的孤高，同时包含着深深的忧愁之情，赞颂、宣扬着"道"。可以说这是《老子》的作者为表达自身与读者坦诚相见的珍贵的一章。实际上，说它是谚语也好，说是自古以来传承下来的言论等也没有错，但更应当将它视作是为了积极地投入而被使用的方法。

那么，那个时代究竟是什么时候呢？

首先，第一章中所说的"能够清楚地示于他人的'道'便不是真正的'道'"，便是在对抗包含以孔子为始的儒家以及诸派的主张。证据就是"大道废，仁义有"（第十八章）等批判儒家的仁义之说的言论，这实在无法想象是身处于春秋时代的孔子的前辈所创作出来的。不仅如此，将仁与义视作同等重要的不光只有孔子，还有孟子；配合这一点来考虑的话，这应当是产生在比孟子还要往后的时间段，也就是说是在公元前4世纪末之后的言论。那便是战国时代，也就是诸子百家思想争鸣的全盛时期。

而且，《老子》当中还记有"失仁而后义，失义而后礼"（第三十八章），所以有人认为此言论是基于在孟子之后崛起的强调礼的荀子思想。不仅如此，墨家的尚贤（第三章）、法家的法术（第五十七章），还有战国时期策士们的权谋术数等，文中有好几处均可视作是以它们为根据而发的言论。因此，将这一切综合起来考虑的话，果然将其视作是战国后期、在活跃的思想界的动荡中创作出来的著作最为妥当。但是，这里讨论的是《老子》的最初版本，现今的《老子》则是或多或少地有后人的添加与修改。

五、文本·注释书·参考书

说到《老子》古时版本的注解，有着三国魏的王弼注本和在此之后完成的河上公注本两个版本，原文也有着不同程度的相左之处。由于之前的版本并没有好好传承其内容，所以最佳版本则是在明和七年时由荻生徂徕的门生宇佐美灊水所考订的，其次则是武内义雄的岩波文库本（昭和十八年，绝版。《武内义雄全集》第六卷），由于古时有很多不同的传本，便只考订了文章原文的内容。

　　文献中最重要的则是1973年中国长沙的马王堆中所发现的《帛书老子》甲乙本，它保留了汉初《老子》的一种重要形态。并且我认为，说到与其之间的关系，唐代道士傅奕所考订的《道德经古本篇》的文章内容便很好地保留了古本的状态。

　　历代的注释中除了王弼和河上公以外还有着极多数量的其他版本，因而不得不予以省略，像是宋代林希逸的《道德真经鬳斋口义》便是江户时代被传阅得最广泛的书籍，明代焦竑的《老子翼》也非常有名。在日本的作品中，太田晴轩的《老子全解》是解析尤为详细的力作，算上中国的作品也能称得上是位列于前的名著；金兰斋的《老子经国字解》与海保青陵的《老子国字解》各有各的特色，也是非常有意思的作品。

　　若要举出现代之作，在中国有着马叙伦的《老子核诂》、朱谦之的《老子校释》、高亨的《老子正诂》，除此之外还有诸家的校语等大量优秀的作品。易顺鼎的《读老札记》、刘师培的《老子斠补》、蒋锡昌的《老子校诂》等，均是令本书受惠颇深的作品。近期的作品还有张松如的《老子校读》，尊重、遵循于马王堆的帛书，是一部非常出色的书籍。在日本存在极多种类的注释，小川环树的"世界名著"本（中央公论社）与福永光司的"中国古典选"本（朝日新闻社）极富特色，是可以用以参考的书籍。木村英一译、野村茂夫补的"讲谈社文库"本是参考了帛书本之后而创作出来的，但专门以帛书为中心重点来解译的书籍还有斋藤晌的"全释汉文大系"本（集英社）、铃木喜一的《帛书老子》（明德出版社）等。

另，说到可作为参考的研究用书籍，有武内义雄的《老子的研究》《老子原始》《老子与庄子》，津田左右吉的《道家的思想及其发展》，木村英一的《老子的新研究》，大浜晧的《老子的哲学》等优秀作品。

最后，关于本书的注解，我想要再多说一句。有关于《老子》的注解已经有相当多的版本，若要在此之上再多加一部，则非有一定的特色不可。

首先，身处现代的我们与《老子》这样的古典著作之间能否有着直接的关联之处，本书包含着这样的顾虑。也就是说，笔者将自身所理解的内容尽可能地细碎化，这是为了让读者更容易理解，能够顺利地互相交流所做的工作。

为此，本文的翻译偏离了直译，多多少少添加了一些语言以助理解，注解中又含有不少评语与说明，针对各章的重点进行解说，努力引出对话的主题。

给各章题名这一点也是，虽说有着些许的勉强之处，但也是为了读者能够更加容易地理解文章内容而做出的努力。虽说这份努力能够成功多少还是要交给读者来判断，但我相信对于读者来说，比起以往的译本，这样做能够使得《老子》的内容更加富有亲近感。

虽说如此，这也不仅仅是以简单易懂又有趣为目的。若只是为了这样，还有其他更为合适的做法。笔者的目的在于使本书不仅具有学术性的特色，同时也能够成为一本有价值的书籍。

这本《老子》的注释正如近年的多数译文那样，是以王弼本（明和刊本）作为底本的。然而为了能够使读者快速明白其内容，本书的文章与一般的注本有着不少不同的地方。比较大的相左之处在于将原文的第二十四章挪至第二十一章之后，还有掉换第四十章与第四十一章的顺序等篇章之间的移动；还有将第三十八章中用以说明"下德"的一句八字之言删去一事。

这些都是本书依据马王堆帛书的文本修改的部分。虽说依照学术前辈的研究内容而修改些许文字的地方的确不算少，但在仔细斟酌帛书的内容之后积极采用其长处，这不仅是一种全新的尝试，亦是富有特色的成果。另外，在斟酌帛书的过程中，得以注意到傅奕本的长处，这也是新的收获之一。

将底本进行了改订的地方不仅都在原文的语句上标注了＊的印记，也都逐一添加了相应的注记。只是校语与注释等均是奉简洁为主旨，所以要注意不要因为烦琐而失去了正文的论点。另，韵脚处也都在原文的韵字下边以○或△的标记体现出来了。虽说古韵还残留着许多问题和不清楚的地方，但为了能使读者理解《老子》文章的特色，我大体上依据江有诰的《先秦韵读》并参酌《校释》中的诸说，决定还是要大略传达一二。

哪怕只多一个人，若是能够通过此书更加贴近老子的思想，从而得出能够于现代生活派上用场的全新意义，便是太好了。另外，敬请诸位研究者，能够对本书的正文和译文不吝赐教。

出版后记

本书原名《老子》，属于日本讲谈社学术文库系列，1997年首次出版后，至今已经四十余次重印，广受读者好评。

作者金谷治是日本著名汉学学者，专攻中国哲学，尤其是中国古代思想史，主要著作有《秦汉思想史研究》等，译注《论语》等多部名典。

《老子》是一本仅有五千余字的作品，共八十一章，是先秦重要的思想典籍。章本无题，本书为方便读者更好地理解其中内容，依照目录给每一章都拟了题名。作者对原文的翻译不取直译，而是多少添加了一些语言以助理解，注解中又含有不少评语与说明，针对各章的重点进行解说，意在努力引出与读者对话的主题。

其原文及注解以王弼本（明和刊本）作为底本，但在一些地方依据马王堆帛书本略有修改，对底本进行了改订的地方在本书中也都于原文语句上标注＊号，详见《老子与〈老子〉》第五部分《文本·注释书·参考书》。

《老子读本》与《孟子读本》《庄子内篇读本》《墨子读本》

《孙子读本》《论语读本》组成"讲谈社·诸子的精神"系列，讲述轴心时代的诸子思想，展现中华文明的精神底色。

服务热线：133-6631-2326　188-1142-1266

读者信箱：reader@hinabook.com

后浪出版公司

2019 年 12 月